ÉTUDES SUR LA BRETAGNE.

SÉRIE DE ROMANS.

JEANNE DE MONTFORT

(ÉPOQUE GUERRIÈRE : 1342)

Règne de Philippe de Valois.

PAR

Pitre-Chevalier,

Auteur des Jeunes filles, de Donatien, des romans de Schiller, etc.

TOME PREMIER.

PARIS,
W. COQUEBERT, ÉDITEUR,
48, RUE JACOB.
1840

PROSPECTUS

DES PUBLICATIONS

DE

W. COQUEBERT

ÉDITEUR,

48, RUE JACOB.

TABLE
Des Ouvrages annoncés dans ce Prospectus.

Page 1. DU TRAVAIL INTELLECTUEL EN FRANCE (résumé de la littérature française), depuis 1815 jusqu'en 1837, par Amédée Duquesnel. 2 vol. in-8, deuxième édition.

Page 4. SOUVENIRS DE GENÈVE, Complément des Mémoires d'un Prisonnier d'État, par Alexandre Andryane. 2 vol. in-8, deuxième édition.

Page 7. HISTOIRE DES FRANÇAIS des divers États au xviie siècle, par Amans-Alexis Monteil. 2 vol. in-8.

Page 9. TRAITÉ DES MATÉRIAUX MANUSCRITS des divers genres d'histoire, par Amans-Alexis Monteil. 2 vol. in-8.

Page 10. LES JEUNES FILLES, poëmes et nouvelles, par Pitre-Chevalier. 1 vol. in-18.

Page 11. ÉTUDES SUR LA BRETAGNE, par Pitre-Chevalier; série de romans embrassant les époques remarquables de la Bretagne.

Page 12. (1er ROMAN) JEANNE DE MONTFORT, époque guerrière, (1342).

POUR PARAITRE PROCHAINEMENT
(suite des Études sur la Bretagne).

2. Michel Columb.
3. Aliénor.
4. Conan le Têtu.
5. Mademoiselle de Kersac.
6. Alix les yeux Bleus.
7. Fées et Revenants.

Page 13. ÉLISA DE RHODES, par Amédée Duquesnel. 2 vol. in-8.

Page 13. LAURENCE ET JEANNE par Alexandre Andryane. 2 vol. in-8.

Page 14. HISTOIRE DES FRANÇAIS, des divers États au xviiie siècle, par Amans-Alexis Monteil. 2 vol. in-8.
    Ces deux volumes complètent le grand travail historique de M. Monteil, sur les diverses parties de la nation française aux cinq derniers siècles.

Page 15. HISTOIRE DE LA CIVILISATION DU NORD, dans ses rapports avec l'Occident, par Chopin, ancien secrétaire du prince Kourakin, ambassadeur de Russie près la cour de France. 4 vol. in-8.

Page 17. HISTOIRE DE LA MARINE DE BRETAGNE, depuis la conquête romaine jusqu'à la réunion de cette province à la couronne de France, par Eugène Sue. 2 vol. in-8.
    L'histoire de la Marine de Bretagne sera suivie de celle des provinces maritimes de France, par le même auteur.

PARIS. Imprimerie de BOURGOGNE et MARTINET, rue Jacob, 30.

𝔓ublications
DE
W. COQUEBERT, ÉDITEUR,
48, Rue Jacob.

Deuxième Édition.

DU
TRAVAIL INTELLECTUEL EN FRANCE
OU RÉSUMÉ
DE LA LITTERATURE FRANÇAISE
Depuis 1815 jusqu'à 1837,

PAR

AMÉDÉE DUQUESNEL.
Auteur de l'Histoire des Lettres avant
le Christianisme.

---

2 volumes in-8. — Prix : 15 fr.

Cet ouvrage, qui a obtenu un si légitime succès, a parfaitement justifié son titre. Il présente un tableau complet de la littérature française contemporaine, depuis la seconde Restauration jusqu'à nos jours. L'auteur a déployé dans cette consciencieuse étude du mouvement intellectuel un talent d'écrivain solide et correct, et la sagacité d'un critique judicieux et délicat.

Le travail intellectuel de M. Amédée Duquesnel a été l'objet d'une grande sympathie de la presse périodique. La *Gazette de*

France lui a consacré quatre feuilletons. Voici comment elle résume le livre dans le quatrième :

« Un écrivain, déjà connu par son *Histoire des Lettres avant le Christianisme*, homme de conviction et de bonne foi avant tout, a pensé que le temps était venu de traduire sous nos yeux cette époque avec ses agitations, ses luttes et sa physionomie multiple. Il a voulu, comme il le dit lui-même dans sa courte préface, qu'au moment où M. Michel Chevalier publiait un travail sur les intérêts matériels de notre patrie, des intérêts d'un ordre plus relevé trouvassent aussi leur historien.

» M. Duquesnel a divisé en quatre parties principales son histoire du travail intellectuel en France pendant le quart de siècle qui vient de s'écouler. La première comprend la politique ou les diverses théories sociales dont le retentissement dure encore ; la seconde traite de la religion ; la troisième embrasse la philosophie avec les diverses écoles sensualiste, éclectique, catholique ; la quatrième enfin parcourt les différents domaines de la littérature, poésie, théâtre, roman, critique, histoire passée et contemporaine. L'auteur suit pas à pas sur chacun de ces terrains les écrivains qui y ont laissé les traces les plus profondes ; il expose leurs idées par la voie de l'analyse, ou bien il les combat si elles lui paraissent fausses et dangereuses.

» Les parties qui nous ont semblé le mieux traitées, ce sont l'exposition des doctrines de Saint-Simon et de Fourier, la discussion sur le grand ouvrage qui est resté, sauf quelques chapitres, la gloire de l'abbé de La Mennais, et enfin la savante reproduction de ce que renferme de plus substantiel l'*Histoire de la civilisation en France*, par M. Guizot. Ce dernier morceau est écrit avec une chaleur et une verve remarquables ; il est même plus qu'un modèle d'analyse philosophique. Mieux placé que l'historien protestant pour rendre à l'influence de l'élément catholique la part qui lui revient et qui lui a été refusée bien moins par malveillance ou par les réserves de la dissimulation que par l'impossibilité de juger autrement ou de voir de plus haut, le critique élargit ou change quelquefois heureusement le point de vue.

» Nous avons lu attentivement l'ouvrage de M. Duquesnel ; nous avons trouvé que ses jugements ne portent aucune trace de cet esprit de coterie, trop ordinaire de nos jours. Champion de la vérité, il tient sa bannière haute et ferme sans laisser fléchir les principes. A ces hommes que passionne la philantropie moderne, mais qui, dans leurs projets d'amélioration pour les classes nécessiteuses, oublient de vivifier leurs essais par le principe chrétien, il dit sans détour qu'en dehors de celui-ci il n'y a que vaines promesses et cruelles déceptions. . . . .

» Arrivé au domaine de l'art, M. Duquesnel proteste, comme nous l'avons fait nous-même, contre cette étrange indépendance que l'on réclamait pour lui, et prouve que le plaisir n'est qu'une question secondaire dans les œuvres de l'intelligence. L'art est dominé par quelque chose de plus capital. Il est soumis dans sa marche comme dans son but à des règles imprescriptibles. Émanation de la sagesse souveraine, il relève d'elle aussi bien que nos propres facultés. N'est-ce pas d'ailleurs rabaisser étrangement l'homme de talent ou de génie que de lui donner pour mission le plaisir? La question, réduite à ce terme, est décidée. . . .

» Il serait bon que le conseil royal de l'instruction publique fît adopter cet ouvrage dans les classes de littérature pour ramener à des idées plus sages de jeunes intelligences où se sont réfugiées les creuses théories, condamnées ailleurs et encore débattues dans nos colléges. L'université ne ferait dans cette adoption qu'une œuvre de justice. Elle offrirait sinon un remède aux doctrines que plusieurs de ses membres continuent de mettre en circulation, au moins une protestation judicieuse contre elles. Quand on empoisonne, il faut au moins se hâter de donner l'antidote. »   H. D.

(*Gazette de France*, 24 juillet 1859.)

« Le livre de M. Duquesnel est une suite de portraits critiques et d'appréciations littéraires d'écrivains de notre époque, une étude sur quelques individualités et sur quelques systèmes sociaux et littéraires. Considéré de cette manière, ce livre conquiert à son auteur une place élevée parmi nos critiques, et se place bien près des ouvrages de MM. Sainte-Beuve et Gustave Planche.

» M. Duquesnel, pour nous, représente la critique populaire. Moins académique que M. Gustave Planche, moins sonore et moins boursouflé que M. Sainte-Beuve, son style est simple et convient à la tâche d'instruction qu'il se propose; il est plus propre à l'enseignement, il va au plus grand nombre.

» Parmi les diverses parties de son livre qui nous semblent traitées avec un soin et une attention consciencieuse, et qui nous paraissent mériter de grands éloges, nous citerons de préférence la moitié du premier volume consacrée à la définition et à l'explication des diverses théories sociales qui ont vu le jour en France dans ces dernières années. Son travail sur Saint-Simon est une étude remarquable sur la vie et les écrits de ce novateur, ainsi que sur ceux de ses disciples. Il a parfaitement caractérisé l'esprit de cette secte, qui n'a vécu que d'idées émises dans les écrits des philosophes de tous les âges, et qui sans s'être jamais occupée de la vie à venir, de ce que devient l'âme de l'homme quand elle est séparée du corps, a voulu, avec des éléments et des bases politiques, fonder une religion. Nous donnerons les mêmes éloges au travail de M. Duquesnel sur la vie et les ouvrages de Fourier et sur toutes les œuvres qu'ont produites et que produisent encore les disciples de l'école sociétaire.

» Nous signalerons encore dans le livre de M. Duquesnel un article qui nous a paru très remarquable, sous le double rapport des idées et du style. L'auteur s'occupe de l'éducation française au XIXe siècle, et passe en revue tous les divers systèmes et tous les ouvrages qui ont touché à cette importante matière.

» Nous rendons justice à la pensée religieuse qui a présidé à cet article. Nous reconnaissons tout le bénéfice que la jeunesse doit retirer de l'enseignement religieux, tout le bien que les chaires de religion peuvent et doivent faire dans chaque collége. Ces leçons, répandues goutte à goutte, pour ainsi dire, dans le cœur de la jeunesse, auraient une influence précieuse. »

(*Quotidienne*, 20 septembre 1839.)

SOUVENIRS
DE GENÈVE,

COMPLÉMENT
DES MÉMOIRES D'UN PRISONNIER D'ÉTAT,

PAR

ALEXANDRE ANDRYANE.

2 vol. in-8. — Prix : 15 fr.

Deuxième Édition.

Les Souvenirs de Genève, dont toute la presse s'est occupée, sont le complément des *Mémoires d'un Prisonnier d'État*; c'en est la préface indispensable, et en quelque sorte l'explication politique

« Ce nouveau livre de M. Andryane peut être considéré comme la préface de son premier ouvrage, de ces *Mémoires d'un Prisonnier*, qui ont éveillé parmi nous tant de vives et nobles sympathies. Dans les *Mémoires*, l'auteur traçait le douloureux tableau de ses épreuves, de ses souffrances, de son héroïque martyre de dix années ; dans les *Souvenirs*, il nous fait l'histoire naïve de ses erreurs de jeunesse, de son retour à la raison, de ses résolutions courageuses, de ses études, de son honorable ambition, des circonstances qui l'ont entraîné, presque à son insu, dans le tourbillon politique. Cette confidence a du charme, et, ce qui vaut mieux encore, elle porte avec elle d'utiles et profonds enseignements. D'une part, elle nous montre ce que peut une ferme et digne résolution pour replacer à son rang l'homme heureusement né, après quelques aberrations juvéniles ; de l'autre, elle nous apprend que les inspirations les plus généreuses peuvent encore nous égarer, lorsqu'elles ne sont point éclairées par la raison et l'expérience. . . . .

» Fixé à Genève, Andryane se trouve entraîné à se faire recevoir *carbonaro ;* il l'est par ce Buonarotti, par ce ferme descendant de Michel-Ange, dont la figure imposante et originale reparaît souvent dans les *Souvenirs ;* homme de conviction, de persévérance et d'abnégation ; simple maître de musique et chef de révolutions ; pauvre vieillard, vieillard vivant de privations et de travaux pénibles, et partageant avec le premier proscrit le peu de pain qu'il peut gagner ; employant le dévouement d'une âme héroïque au service d'impraticables et dangereuses théories ; associant les sentiments d'un Caton au délire d'un Babeuf ; vaincu sans cesse dans ses tentatives illusoires, et toujours prêt à recommencer sur nouveaux frais. Tel est l'homme dont Andryane subit l'empire. Il se laisse conduire dans ses réunions, accomplit ses messages, et lorsqu'enfin, désabusé, il va se soustraire à son influence en partant pour l'Italie, il ne peut encore se refuser à recevoir de Buonarotti ce fatal portefeuille, qui, saisi entre ses mains par la police autrichienne, deviendra contre lui une pièce de conviction, et le plongera pour dix années dans les tombeaux du Spielberg.

» Telle est l'étrange fatalité qui poursuit notre auteur au milieu de ses bonnes résolutions ; telle est l'honorable erreur qu'il paiera par de longues et cruelles souffrances. Ces divers récits, M. Andryane a su en doubler l'intérêt par un style pittoresque, animé, remarquable surtout par une rare empreinte d'honnêteté et de bonne foi. C'est la confession naïve d'une âme droite, chaude et élevée. L'écrivain montre aussi plus de maturité que dans son premier ouvrage. Dans les *Mémoires*, l'expression, toujours colorée, était quelquefois surabondante; on sentait l'auteur qui, se trouvant pour la première fois en face du public, n'a pas encore appris à retrancher; qui tient encore à peindre, non seulement toutes ses impressions, mais toutes les nuances de ses impressions; ici les développements ne sont que ce qu'ils doivent être, et cette sobriété est une qualité de plus ajoutée à celles qu'on avait déjà signalées en lui. Les épisodes, un peu multipliés peut-être, sont généralement attachants; nous avons surtout remarqué celui de la *Fête-Dieu*, dans les montagnes du Jura, morceau plein de grâce et de fraîcheur. La pure et suave figure de Lucy, ce chaste amour du jeune étudiant, apparaît souvent au fond du tableau et s'y dessine avec beaucoup de charme. En tout, ce nouveau livre est un nouveau titre de l'auteur à l'estime publique. La morale en est pure, les exemples bons, les peintures intéressantes, et l'expression, toujours de bon goût, a de la chaleur, souvent de l'éloquence. A. BERVILLE.

(*Constitutionnel*, 27 octobre 1839.)

« Les *Souvenirs de Genève* sont à la fois un ouvrage d'éducation morale et religieuse, voire même politique; un ouvrage attachant, qui se lit tout d'une haleine, et qui révèle de nouvelles délices dans la volupté des larmes; un ouvrage amusant enfin, qui fait sourire doucement, et même rire tout de bon, de ce rire délicat et sincère que nos lourds conteurs nous ont laissé désapprendre.

» C'est l'œuvre la plus honorable, la plus pure, la plus touchante qui ait paru depuis long-temps; œuvre qui fait estimer et aimer son auteur, tant on y sent respirer une belle âme et battre un cœur excellent; œuvre enfin qui rend meilleurs ceux qui sont dignes de la comprendre, et rendrait bons les méchants, dont elle éveillerait le repentir.

» Tel doit être le but de tout écrivain qui comprend le sacerdoce de la plume; telle a été celui de l'auteur des *Souvenirs de Genève*; et telle sera sa récompense. » PITRE-CHEVALIER.

(*Journal Général*, 17 août 1839.)

« Rejetez loin de vous, en lisant les *Souvenirs de Genève*, les préoccupations de la critique; figurez-vous que vous lisez un manuscrit confié à votre discrétion par un ami qui veut vous mettre au courant de sa vie, il vous sera impossible de ne pas trouver un grand charme dans ses *Souvenirs*, et même les inexpériences du style lui seront comptées comme autant de mérites; vous ne cher-

cherez que l'expression fidèle de sentiments nobles et purs, et vous les trouverez d'autant mieux traduits, qu'ils s'allieront à plus de naïveté dans leur manifestation extérieure. Plus il y aura du jeune homme dans l'ordonnance et l'allure du livre, moins vous vous défierez de cet enthousiasme qu'il exprime à propos de toute personne et de toute chose. Sa douce chaleur vous gagnera peu à peu, et je ne serais pas surpris que de temps à autre une larme voilât vos regards.

Cela m'est arrivé, je vous le confesse, à l'histoire moitié bouffonne, moitié triste, du musicien Fioravini et de son chien Fido.

OLD-NICK. (*Commerce*, 27 septembre 1859.)

« Ce dont nous félicitons l'auteur, c'est de n'avoir pas craint de se montrer, dans son ouvrage, sincèrement religieux. Tant de gens rougissent lâchement de paraître chrétien, qu'on doit toujours applaudir ceux qui marchent le front haut et qui ont le courage de leurs convictions. »

(*L'Univers religieux*, 14 août 1859.)

HISTOIRE
DES FRANÇAIS
DES DIVERS ÉTATS
(17ᵉ siècle),

PAR

Amans-Alexis Monteil.

2 vol. in-8.—Prix : 15 fr.

Avant 1827, année où parut le XIVᵉ siècle de cet ouvrage, lorsqu'on lisait une histoire de France, d'Angleterre, d'Italie, d'Espagne, d'Allemagne, on croyait lire une histoire de France, d'Angleterre, d'Italie, d'Espagne, d'Allemagne. Mais voilà que, dès la première page, dès la première ligne de cette nouvelle histoire de France, l'auteur crie : Peuples ! vous n'avez pas d'histoire

des divers éléments, des diverses parties, des divers Etats dont vous êtes formés. Peuples! vous n'avez pas d'histoire; je vous apporte votre première histoire. Cette assertion dut paraître claire, nette, tranchée, surtout extraordinaire. Eh bien! aucun écrivain, aucun journal, tous les journaux sans exception en ont parlé, aucun n'a pu l'attaquer, du moins la contredire. Aussi combien depuis la science a grandi! La raison veut qu'elle grandisse encore bien davantage, qu'elle grandisse jusqu'à ce qu'il ne reste plus que cette histoire, ou plutôt que des histoires faites sur ce modèle.

Aux deux premiers volumes de cet ouvrage, au XIVe siècle, la scène est dans un cloître de cordeliers, les philosophes, les esprits-forts du temps.

Aux troisième et quatrième volumes, au XVe siècle, où la bourgeoisie, le tiers-état, la nation se sentit naître, elle est dans une salle d'hôtel-de-ville.

Aux cinquième et sixième volumes, au XVIe siècle, où l'Espagne nous envahissait au septentrion et au midi par ses troupes et plus encore par son or, elle est dans le journal de voyage d'un noble Castillan qui parcourt la France, qui en examine, en décrit toutes les faces.

Aux septième et huitième volumes, au XVIIe siècle, elle est dans la maison d'un riche bourgeois d'une ville centrale, de Nevers, où le lecteur voit à travers les différentes parties de l'ordre social du Nivernais les différentes grandes parties de l'ordre social de la grande France. Mais, dira-t-on, l'histoire du XVIIe siècle n'est que l'histoire du siècle de Louis XIV, et, pour employer l'expression vulgaire, le nouvel auteur doit se rencontrer nez à nez avec Voltaire. Sans doute; mais il en est si peu intimidé qu'il commence l'histoire de son siècle par un parallèle entre les tables des chapitres des deux ouvrages, où il indique les chapitres que Voltaire a complétés, ceux qu'il n'a qu'entamés, et ceux en très grand nombre qu'il a omis.

M. Monteil a présenté son histoire des Français des divers états, XVIIe siècle, au concours du riche prix Gobert qui donne neuf mille francs de rente. L'Académie, qui en est juge, l'a partagé en quatre, et en a donné le quart à M. Monteil. Le gouvernement a refusé d'autoriser ce partage, qui lui a paru contraire aux dispositions testamentaires du fondateur; et l'Académie a renvoyé à l'année prochaine le jugement d'un nouveau concours. M. Monteil s'y présente avec le même ouvrage; et, comme jusqu'ici les journaux et l'opinion lui ont été incontestablement favorables, le lecteur aura peut-être entre ses mains la pièce la plus notable de ce beau et solennel procès.

TRAITÉ
DES
MATÉRIAUX MANUSCRITS
DE DIVERS GENRES D'HISTOIRE,

PAR

AMANS-ALEXIS MONTEIL.

2 vol. in-8.—Prix : 15 fr.

Deuxième Édition.

Cet ouvrage a arrêté la dilapidation des archives publiques ; eh ! comment un ouvrage scientifique peut-il arrêter des dilapidations d'archives ? En mettant en vente huit ou neuf cents manuscrits dilapidés, en en faisant connaître l'importance historique, le prix commercial. Il le peut aussi en activant les recherches des monuments dilapidés, en faisant pour ainsi dire sonner, le long des marges, aux oreilles des archéographes pauvres, l'argent des ventes. Il le peut en enseignant l'art de déchiffrer, de conserver, de classifier les titres ; et d'ailleurs il le peut puisqu'il l'a fait, car c'est depuis la date de ce traité qu'on ne voit plus chez les épiciers, les relieurs, les batteurs d'or, d'épais cahiers de parchemin, de vélin contenant, entre autres, des comptes de recette et de dépense les plus anciens, les plus historiques, les plus précieux. J'entends qu'on me dit : Mais ce n'est pas ce livre, ce sont les commissaires envoyés par le gouvernement pour faire inventorier partout les anciens documents, les anciens manuscrits. Bon, vous dirai-je à mon tour ; eh ! de quelle date sont leurs commissions ? la première édition de ce livre est de 1835. On peut encore considérer ce traité comme une histoire des diverses parties de l'ordre social, faite par monuments rangés sous un ordre aphabétique, agriculture, arts mécaniques, art militaire..., chemins..., commerce, etc., où l'on apprend, comme plusieurs archivistes de département l'ont écrit à l'auteur, à tout apprécier, où l'on apprend aussi à tout conserver pour l'histoire des familles, des villages, des corporations, des professions qu'on y enseigne à faire. Ce livre est d'ailleurs souvent cité dans les quinze mille notes de l'Histoire des Français des divers états dont il est le complément. L'auteur a senti que bien des personnes auraient besoin de cet ouvrage qui n'auraient pas de fonds disponibles pour en faire l'achat. Il a pris des arrangements pour que le prix fût au-dessous de la moitié pour les conservateurs de dépôts, les bibliothécaires, les archivistes, les gens de lettres, jeunes ou pauvres. Il est sans doute beaucoup de livres plus prônés, plus chers; il n'en est pas beaucoup de plus utiles.

LES JEUNES FILLES

Poëmes et Nouvelles,

PAR

PITRE-CHEVALIER.

Nouvelle édition.

1 vol. in-18. — Prix : 4 fr. 50 c.

Depuis long-temps on attendait une nouvelle édition de ce joli ouvrage, qui contient toutes les promesses qu'a tenues le talent de M. Pitre-Chevalier. Revues avec le plus grand soin par l'auteur, *Les Jeunes Filles* sont un recueil de petits poëmes et de charmants récits sur la vie de ces anges de la terre, qui ne font guère qu'y passer pour retourner au ciel. Le sentiment le plus pur, la morale la plus élevée, l'imagination la plus fraîche, respirent dans chaque page de ce petit livre, un des plus propres à orner la bibliothèque des gens du monde et des jeunes personnes, et une des plus élégantes étrennes poétiques qui puissent être offertes au jour de l'an.

ÉTUDES
Sur la Bretagne,

SÉRIE DE ROMANS

PAR

PITRE-CHEVALIER,

Traducteur des Romans de Schiller, auteur des Jeunes filles
et de Donatien.

Nous allons publier, sous ce titre collectif, une série de romans qui embrasseront toutes les particularités de la Bretagne, au triple point de vue de l'histoire, des mœurs et du pays. C'est dire assez que ces romans ne seront pas uniquement historiques, dans le sens étroit et faux que les mauvaises imitations de Walter-Scott ont fait attacher à cette expression. Appliquant le système de l'immortel romancier de l'Écosse dans toute son étendue, le romancier de la Bretagne fera connaître en détail cette curieuse et belle partie de la France, cette fameuse race bretonne et ses divers caractères, si mal ou si incomplétement appréciés jusqu'à ce jour ! Ajoutons que l'obligation d'attacher et d'amuser le lecteur par le tissu de la fable et les ressorts du drame, ne poussera jamais l'auteur hors des limites de la morale la plus pure, et que ses romans auront du moins ce rapport avec ceux de Walter-Scott, qu'ils pourront intéresser tout le monde sans faire rougir personne. Les travaux si distingués déjà et la juste réputation de M. Pitre-Chevalier, sont une garantie suffisante, d'ailleurs, des nobles pensées et du style excellent qui seront le cachet de son œuvre capitale.

La série des *Études sur la Bretagne* comprendra sept romans,

de deux volumes in-8°, dont chacun formera un ouvrage à part,
et qui paraîtront sans interruption dans l'ordre suivant :

JEANNE DE MONTFORT (époque guerrière, 1342).

MICHEL COLUMB, le Tailleur d'Images (époque artistique, 1480).

ALIÉNOR, abbesse de Lok-Maria (époque religieuse, 1524).

CONAN-LE-TÊTU (époque maritime, 1694).

MADEMOISELLE DE KERSAC (époque révolutionnaire, 1795).

ALIX-LES-YEUX-BLEUS (mœurs intimes).

FÉES ET REVENANTS (traditions fantastiques).

EN VENTE:

PREMIER ROMAN.

JEANNE DE MONTFORT,

(Époque Guerrière 1342)

RÈGNE DE PHILIPPE DE VALOIS.

2 vol. in-8. — Prix 15 fr.

Dans ce premier roman, M. Pitre-Chevalier prend la Bretagne à l'apogée de sa gloire, au moment où elle défend sa vieille indépendance contre l'ambition de Philippe de Valois. Les personnages historiques de son drame sont : le cruel et sombre Philippe VI; le galant et ambitieux Édouard, roi d'Angleterre; le pieux et infortuné Charles de Blois; Jeanne de Penthièvre, dite la Boiteuse; tous les héros et tous les chevaliers de cette brillante époque guerrière; et enfin cette illustre et belle *Jeanne de Montfort*, héroïne conjugale et maternelle, qui défendit, l'épée à la main, les droits de son mari et de son enfant. A ces personnages réels, l'auteur en a joint plusieurs de son invention, qui assombrissent ou égaient heureusement les scènes variées de son livre, et font connaître dans tous ses détails le caractère breton au xive siècle. Il faut avoir lu *Jeanne de Montfort* pour se figurer l'intérêt puissant qu'elle inspire, intérêt qui s'accroît encore singulièrement par les curieux rapports de celte histoire avec l'épisode le plus dramatique de notre dernière révolution.

Pour paraître le 1er février 1840.

DEUXIÈME ROMAN.

MICHEL COLUMB,

LE TAILLEUR D'IMAGES

(Époque artistique 1480).

ELISA DE RHODES,

PAR

AMÉDÉE DUQUESNEL.

2 vol. in-8.—Prix : 15 fr.

LAURENCE ET JEANNE,

PAR

Alexandre Andryane.

2 vol. in-8. — Prix : 15 fr.

HISTOIRE DES FRANÇAIS
DES DIVERS ÉTATS
Au 18ᵉ Siècle,

PAR

Amans-Alexis Monteil.

2 vol. in-8. — Prix : 15 fr.

Ces deux volumes complètent le grand travail historique de M. Monteil, sur les diverses parties de la nation française aux cinq derniers siècles, et terminent cet ouvrage qui se composera de 10 beaux volumes in-8.

Un critique fort connu dit dans un article de notre plus célèbre journal, lorsque le xɪvᵉ siècle parut, que ce livre allait devenir indispensable à toute la nation. Cela est vrai ; mais c'est encore plus vrai du xvɪɪɪᵉ siècle, où l'auteur a vécu trente ans, où il a été pris sur les bancs des hautes classes par la révolution qui l'a presque immédiatement porté sur les siéges des fonctions administratives. Depuis ce temps il ramasse, avec son extraordinaire et continue application, le riche trésor de faits et d'observations qu'il vient verser dans les pages du xvɪɪɪᵉ siècle, pages si laborieusement écrites, et il y a près de cinquante ans commencées. Antérieurement il a vu ce siècle par les narrations de son père, de sa mère, de ses grands-pères, de ses grand'-mères, ou de leurs contemporains. La bonne vieille France dormait pacifiquement lorqu'elle est éveillée par la tempête soudaine de la révolution : ce vaste tableau d'un déluge, pour ainsi dire, de débris, de poussière, de chocs, de heurtements, de cris, de chants, d'imprécations, d'applaudissements, ont dû, sur un jeune cerveau, s'empreindre de couleurs vives et à jamais inaltérables. Quel est l'homme qui ne voudra aller parcourir, dans les deux volumes que nous annonçons, le vieux sol français, y reconnaître les vestiges historiques des transformations de son état jusqu'au moment où le dix-neuvième siècle sort du dix-huitième. Et quand on pense qu'aucun des grands traits n'est omis, que des milliers de petits s'y montrent sans confusion, se font aisément distinguer, et semblent devenir et deviennent grands par l'heureuse place qu'ils occupent, avec quel désir, quelle impatience on doit attendre ces deux volumes complémentaires de cet ouvrage, divisé en cinq grands drames d'un siècle de durée chacun, où les acteurs viennent parler, agir, avec le génie, les mœurs, les opinions, le langage, les habits de leur temps.

HISTOIRE
DE LA
CIVILISATION
DU NORD,
DANS SES RAPPORTS AVEC L'OCCIDENT,
PAR M. CHOPIN,

Ancien secrétaire du prince Kourakin, ambassadeur
de Russie près la cour de France.

4 vol. in-8. — Prix : 50 fr.

L'étude de l'histoire est un des besoins de l'époque; depuis la biographie jusqu'à l'histoire universelle, tout ce qui a eu une signification dans le passé appelle l'attention des esprits graves. Dans ce grand travail des idées, on sent la nécessité de s'appuyer sur les faits dont l'interprétation judicieuse fournit les seules données du problème social.

Mais la marche des événements, soit dans leur ensemble, soit dans quelque phase spéciale, a été considérée sous divers points de vue : les uns ont vu l'élément civilisateur dans le principe religieux ; d'autres dans la conquête ; ceux-ci dans la vertu législatrice : le système de ceux-là repose sur l'influence des races ; un pinceau savant et spirituel s'est joué au milieu de tous ces systèmes, et sans toucher à aucun, il a reproduit avec les traits et les couleurs du temps la figure et le caractère des divers états d'un grand peuple.

Tous ces efforts révèlent une tendance générale vers l'histoire philosophique à laquelle, après tant d'essais et de mécomptes, on demande la raison des faits.

Or, la raison des faits étant complexe, non seulement en ce que comportent les rapports humains, mais parce qu'ils sont en quelque sorte la mesure de l'action providentielle, il est impossible à l'homme de les percevoir nettement dans l'ensemble ; toutefois c'est une belle et grande mission que d'éclairer quelques points de ce théâtre, où tant de générations ont passé pour l'instruction et le bien-être des générations futures.

L'abondance des détails historiques porte l'esprit à généraliser, comme dans la nature physique le nombre infini des individus a nécessité les genres, les classes et les espèces ; le travail et les recherches de l'histoire doivent se cacher dans son œuvre ; c'est assez pour le plus grand nombre des lecteurs d'arriver par une suite de données authentiques à des conséquences lumineuses et surtout pratiques : un livre ainsi conçu et exécuté ne s'adresserait pas seulement aux hommes de science et de loisir, ce serait un bienfait pour tous ; d'ailleurs il y a souvent moins de difficulté à tout dire qu'à se restreindre à un choix judicieux.

L'histoire de la civilisation du Nord dans ses rapports avec l'Occident est un sujet fécond en graves enseignements, et auquel la prépondérance de la Russie prête tout l'intérêt de l'actualité.

Dès les temps les plus reculés, les peuples septentrionaux ont exercé une puissante influence sur les destinées du monde ; tour à tour et incessamment ils ont détruit pour les régénérer les empires, tandis que le génie de l'Occident a réagi sur ces peuplades barbares et pauvres, que leur énergie poussait instinctivement vers des contrées plus riantes.

Pour pénétrer dans le fond philosophique du sujet, il a fallu consulter les sources originales et étudier le progrès social dans les monuments, les mœurs et les diverses littératures. Il a fallu, tout en négligeant la critique des détails, faire ressortir du caractère de ces peuples la génération des grandes époques historiques, avec leurs effets médiats et immédiats sur la famille européenne.

Puisse ressortir de ce travail cette conséquence : que dans la vie des peuples, certaines vertus comme certains vices tiennent à leur âge, et que, lorsqu'il s'agit de modifier des institutions séculaires, il faut moins s'attacher à donner aux hommes les lois les plus parfaites dans le sens absolu, qu'à les faire jouir de celles que leur tempérament politique les rend capables de supporter.

Chopin.

HISTOIRE
DE LA
MARINE DE BRETAGNE
DEPUIS LA CONQUÊTE ROMAINE
Jusqu'à la réunion de cette Province à la couronne de France,

PAR

EUGÈNE SUE.

2 vol. in-8. — Prix : 15 fr.

L'histoire de la Marine de Bretagne sera suivie de

L'HISTOIRE
DES
PROVINCES MARITIMES DE FRANCE,

Par le même Auteur.

ETUDES SUR LA BRETAGNE.

JEANNE
DE MONTFORT.

I

PARIS. — IMPRIMERIE DE BOURGOGNE ET MARTINET,
Rue Jacob, 30.

ÉTUDES SUR LA BRETAGNE.

JEANNE DE MONTFORT

(ÉPOQUE GUERRIÈRE : 1342)

Règne de Philippe de Valois,

PAR

PITRE-CHEVALIER,

Auteur des Jeunes Filles, de Donatien,
des romans de Schiller, etc.

TOME PREMIER.

Paris,

W. COQUEBERT, ÉDITEUR,

48, RUE JACOB.

1840

A MM. D. de C.

Je m'empresse de vous dédier, mes chers beaux-frères, et j'offre au public éclairé que vous représentez pour moi, la première partie d'un travail consciencieux qui sera l'ouvrage capital de ma jeunesse.

Frappé, comme vous avez pu l'être, de l'empressement avec lequel on accueille depuis vingt ans en France les écrits les plus imparfaits sur la Bretagne, j'ai pensé que le succès ne pouvait manquer à des études complètes et variées, où se résumerait, dans un cadre actuel et vivant, toute la physionomie si originale de mes compatriotes. Assez récemment encore, plusieurs écrivains distingués ont tenté cette œuvre difficile; la plupart ne l'ont envisagée que partiellement, et je ne sache pas qu'aucun songe à l'embrasser dans son ensemble. Entouré de toutes les circonstances et de tous les matériaux qui peuvent faciliter une pareille entreprise, je suis en mesure de la mener promptement à fin, et j'en puis prendre l'engagement formel.

Je ne saurais mieux le prouver sans doute qu'en traçant ici le plan général de mon ouvrage; c'est ce que je vais faire avec une franchise et une précision qui ne seront chez moi toujours qu'un mérite national.

Je retracerai, sous la forme de roman, dans le cadre historique des époques et des faits, la physionomie morale et pittoresque de la Bretagne et des bretons, depuis le xive siècle jusqu'à nos jours.

Jeanne de Montfort est le tableau de la Bretagne guerrière, à l'apogée de sa gloire, lorsqu'elle défendit sa vieille nationalité contre l'ambition de Philippe-de-Valois. Cette nationalité est incarnée dans notre héroïne elle-même et dans les défenseurs de son droit. Avant de s'éteindre au milieu de la fumée du premier coup de canon, la chevalerie bretonne jette son dernier éclat de bravoure et de galanterie. La civilisation apparaît avec ses raffinements, sous la figure de Samuel Tudez, et la grande vertu du moyen âge, le dévouement des vassaux, est personnifiée dans le baron Olivier de Spinefort.

Dans Michel Columb, le tailleur d'images, je montrerai la Bretagne déchue de sa grandeur primitive. On verra la tête de la nation, ou les seigneurs, se tourner peu à peu vers la France, tandis que les pieds, ou le peuple, resteront encore attachés au sol. Tous les instincts de ce grand peuple se trouveront résumés dans Michel Columb, qui représentera en outre un type inconnu jusqu'à ce jour, l'artiste breton au xve siècle.

Aliénor, abbesse de Lok-Maria, sera l'époque religieuse, ou la Ligue en Bretagne. Ces deux mots disent assez sans doute pour nous dispenser de tout autre commentaire.

Conan-le-têtu fera revivre la marine bretonne du xviie siècle, cette marine qui donna à Louis XIV Duguay-Trouin et Jean Bart! *Conan-le-têtu*, d'ailleurs, son nom l'indique, sera la personnification du caractère breton par excellence.

Mademoiselle de Kersac figurera la noblesse de Bretagne en 1793, défendant Dieu et le Roi sur les champs de bataille, et portant à l'échafaud de Carrier sa devise: *Malo mori quam fœdari!*

Dans Alix-les-yeux-bleus, je peindrai les mœurs intimes de la Bretagne actuelle, la lutte des vieilles idées et des idées modernes se débattant au foyer de la famille.

Enfin, les Fées et Revenants seront le résumé des traditions fantastiques de la Bretagne à toutes les époques, la ronde complète des esprits surnaturels qui dansent encore à minuit autour des vieux *men-hirs*.

Telles sont les lignes principales de sept romans successifs dont chacun à son tour développera ses lignes particulières. Dans ces divers cadres apparaîtra toute la Bretagne, telle qu'elle a été pendant les cinq derniers siècles, au triple point de vue de l'histoire, des mœurs et du pays.

Quant au système littéraire appliqué à ces études, je n'ai qu'un seul mot à en dire : La Bretagne est à la France ce que l'Écosse est à l'Angleterre ; le romancier de la Bretagne ne pouvait choisir un autre modèle que le romancier de l'Écosse.

Puissé-je quelquefois ressembler à ce grand modèle, autant que mon sujet ressemble à son sujet ! Je serai du moins l'émule de sa gloire la plus pure et la plus douce à mon gré : si mes romans n'intéressent pas tout le monde comme les siens, comme les siens tout le monde pourra les lire sans rougir.

Pitre-Chevalier.

JEANNE DE MONTFORT.

Première partie.

LA JEUNE FILLE.

I

Les trois Cortéges.

Le mercredi, 11 mai de l'an 1329, il y avait grande rumeur et grande foule dans les rues de la ville de Chartres. Peuple et bourgeois, hommes et femmes, vieillards et enfants, oisifs et endimanchés comme par un jour de fête, s'agitaient avec bruit sur les places, et causaient vivement entre eux d'une porte à l'autre. De moment en moment, des messagers arrivaient tout essoufflés dans les groupes; et c'étaient alors des questions et des réponses multipliées et croisées en tous sens, accompagnées de cris de joie ou d'impatience, selon que les nouvelles étaient plus ou moins agréables.

C'est que les paisibles habitants de Chartres étaient dans l'attente d'un beau spectacle et d'un grand événement : on allait célébrer dans leur cathédrale le mariage du comte Jean de Montfort, frère du duc de Bretagne, et de Jeanne de Flandre, fille du prince Louis, comte de Nevers et de Rethel. Le successeur et fils aîné de ce prince, Louis de Flandre, dit de Cressy, le duc de Bretagne, Jean III, surnommé le Bon, et le roi de France, Philippe VI de Valois, venaient assister à ce mariage solennel avec leurs cours réunies. Partis à la fois de

Nantes, de Paris et de Gand, les trois cortéges n'en avaient formé qu'un seul aux approches du commun rendez-vous, et il y avait près de deux heures que le clergé, les magistrats et les corporations de la cité étaient sortis pour aller au-devant de tant d'illustres hôtes. C'était le retour de ceux-là et l'arrivée de ceux-ci qu'attendaient le peuple et les bourgeois de Chartres.

Quelles circonstances, d'ailleurs, pouvaient donner cette importance royale à l'union du fils et de la fille de deux grands vassaux de la couronne? C'est ce que révélaient les conversations indirectes des bons Chartrains sur le compte de leurs augustes visiteurs.

— Savez-vous, maître, demandait un artisan à son chef, pourquoi le roi de France, notre sire, vient à cette noce en si grand appareil?

— Par Dieu ! la chose est facile à deviner, mon garçon, lui répondait le bourgeois d'un air capable ; c'est que le comte de Montfort sera bientôt duc de Bretagne, et que Philippe de Valois tient à honorer son futur premier vassal.

— Vous vous trompez, mon maître, interrompit un clerc en souriant ; c'est au contraire pour ôter au marié de ce jour toute idée de se changer en duc, qu'on s'empresse de le choyer et de le caresser, dans sa personne et dans celle de sa femme.

— Vraiment ! s'écrièrent plusieurs curieux.—Expliquez-nous donc cela, messire.

— Rien n'est plus simple, reprit le clerc, et deux mots vous en feront juger : le duc Jean III ne tardera pas à mourir sans enfants, et il faudra que son héritage passe à des collatéraux...

— Diable ! interrompit un plaisant, à l'habit râpé, je voudrais bien en être pour une petite part!

— Les couronnes ne se partagent point, poursuivit le clerc, et voilà justement le nœud de la question. Les deux plus proches parents du vieux duc sont sa nièce et son frère..

— M'est avis que le frère lui tient de plus près, messire.

— De plus près, comme collatéral; mais la nièce est moins indirecte.

— Cela dépend du degré de l'une et de l'autre.

— L'une est germaine, l'autre n'est que consanguin.

— Alors, c'est la nièce!

— C'est le frère!

— La nièce, morbleu!

— Le frère, vous dis-je!

Et, comme pour prouver la difficulté du

différend, les bons bourgeois allaient se prendre de querelle, à la barbe du clerc, si celui-ci ne leur eût imposé silence en s'écriant :

— Eh parbleu! vous avez raison des deux côtés; et c'est ce qui arrivera malheureusement au comte de Montfort et à Jeanne de Penthièvre.

— Jeanne de Penthièvre est la nièce de Jean III ?

— La fille de son second frère germain, feu Guy de Bretagne. Jean de Montfort n'est que son troisième et demi frère, issu du dernier lit de l'ancien duc. Naturellement, Jean III veut laisser son duché à sa nièce, et tremble que Montfort n'ait des prétentions opposées.

— Cela se conçoit, dit un sot qui n'avait rien compris.

— Mais c'est un écheveau de fil fort embrouillé, ajouta une commère qui comprenait parfaitement.

— Je crois bien! reprit le clerc en secouant la tête; aussi fait-on sagement d'apprivoiser le lion, de peur qu'il ne montre un jour les griffes à la brebis.

— Ma foi! je ne m'endormirais point, dit un vieux marchand, si j'étais à la place de Jean de Montfort.

— Et moi, si j'étais à celle de Jean III, répliqua une jeune chambrière, je marierais ma nièce à quelque brave et grand personnage, pour lui assurer d'avance un défenseur de ses droits.

— Excellente idée, ma mignonne, répondit le clerc; mais Jeanne de Penthièvre n'est pas aussi bonne à marier que vous.

— Quel âge a-t-elle?

— C'est encore une enfant qui ne soupçonne rien de sa terrible destinée. Nous allons, d'ailleurs, la voir sans doute au cortége; car, dans la peur qu'il a de la perdre, le vieux duc ne la quitte pas une minute.

Les causeurs en étaient là, lorsqu'un grand cri se fit entendre du côté de la porte de la ville.. Ce cri s'approcha en grossissant de bouche en bouche, et devint un son clair et articulé, répété par la cité entière comme par un seul écho :

— Les voilà! les voilà!. Noël! Noël! et Notre-Dame !

Et toutes les cloches de la cathédrale, mises en branle au même instant, annoncèrent, en effet, que l'escorte royale entrait dans Chartres.

En moins d'un quart d'heure, la principale rue de la ville fut respectueusement évacuée, et, semblable aux premières ondes d'un fleuve qui prend majestueusement possession de son lit, la tête du cortége s'avança, d'un pas lent et régulier, entre deux rives de maisons tapissées de blanc, et portant des groupes de têtes à chaque fenêtre.

M. le prévôt marchait le premier, couvert des insignes civils et militaires de sa double charge, et suivi du guet à pied et à cheval, chargé d'ouvrir la route et de maintenir l'ordre. Venaient ensuite les corporations des arts et métiers de la ville de Chartres, distinguées chacune par son costume et ses attributs particuliers; puis les députés des six corps de marchands, en grande tenue; les quatre échevins et leurs aides, avec la robe noire et rouge et le bonnet fourré; enfin le clergé de la cathédrale, en chasubles d'or et d'argent, précédé processionnellement de la croix et de la bannière.

Après cette première partie de l'escorte, qui représentait la cité de Chartres, arrivaient les trois cortéges de Bretagne, de France et de Flandre, formant l'escorte spéciale de Philippe de Valois et de la jeune vassale dont il venait honorer le mariage ; et comme, outre les principaux personnages de l'époque, ceux de notre histoire se trouvent renfermés dans ces trois cortéges, nous profiterons naturellement de l'occasion pour les faire connaître, en priant nos lecteurs d'imiter l'attention des bourgeois de Chartres.

Voici d'abord le vieux duc de Bretagne, que nous pouvons laisser passer en paix ; car à la façon dont il se courbe sur son cheval, on voit qu'il arrivera bientôt à la tombe. Mais les jeunes figures qui l'entourent sont plus importantes pour nous, et la plus jeune et la plus importante de toutes est cette Jeanne de Penthièvre, orpheline de Guy de Bretagne et nièce si chérie de Jean III.

C'est cette enfant, toute rose et toute blanche, encore en deuil de son père et de sa mère, et portée dans cette petite litière à bras, que le bon duc semble couver d'un œil paternel; plante frêle et délicate, croissant aujourd'hui au milieu des caresses, et qui achèvera bientôt de se développer sous une abondante rosée de larmes et de sang! A l'empressement respectueux avec lequel on l'environne, on sent que les amis de son oncle voient en elle l'avenir de la Bretagne, et cet empressement déjà paraît intéressé chez quelques uns, en considération de leur propre avenir autant que pour le bien du pays. Parmi ces courtisans d'un berceau, regardez celui qui s'en tient le plus près : c'est l'aîné des comtes de Blois, neveu du roi de France par sa mère. Sa place naturelle serait près de Philippe de Valois; mais un projet mystérieux l'attache au duc de Bretagne. Il a rêvé, dit-on, pour son jeuné frère, le comte Charles de Châtillon, l'alliance de Jeanne de Penthièvre et le bel héritage qui en dépend. On assure même qu'il a l'assentiment de Jean III, et que les états de Rennes seront bientôt consultés à ce sujet.

Mais pendant que la litière passe, remarquez que la petite fille n'y est pas seule : un jeune et beau levrier blanc la partage avec elle, et dresse fièrement son museau effilé près des cheveux blonds de la future duchesse de Bretagne. Après l'enfant adoptif de Jean III, cet animal est son meilleur ami, et c'est pour être plus sûr de ne les quitter ni l'un ni l'autre, que le vieillard les réunit ainsi à ses côtés. D'où vient cet attachement bizarre et superstitieux? C'est un mystère que chacun explique à sa façon; et on raconte, à ce propos, certaines histoires merveilleuses, que nous pourrons vous confier tôt ou tard, si l'occasion s'en présente.

En attendant, laissons le vieux duc sourire à ce doux tableau, et observons celui qui en fait le contraste, à sa gauche. Ce groupe de courtisans, moins nombreux que ceux de Jeanne de Penthièvre, se compose aussi de hauts seigneurs et barons de Bretagne, que préoccupent sourdement d'autres pensées. Les regards qu'ils jettent à la nièce de Jean III sont mêlés d'inquiétude et d'envie, et ils mesurent de l'œil les compagnons de l'enfant, comme s'ils devaient un jour croiser l'épée contre eux. Là brillent les Clisson et les Beaumanoir, les Malestroit et les Trésiguedy, les Charruel et les Tinténiac ; ici sont les Cadoudal et les Duchastel, les Spinefort et les sires de Léon ; les châtelains de Landerneau et de Guingamp. Au milieu de ces derniers, s'avance un jeune homme qui les efface tous par sa bonne mine.

Monté sur un superbe cheval noir, couvert d'une housse de velours rouge, à bandes d'argent, il porte un costume aussi éclatant que le duc de Bretagne lui-même, et n'en paraît pas plus embarrassé qu'un roi de sa pourpre. Son pourpoint, mi-partie violet et or, descendant jusqu'au-dessus du genou, laisse voir sur la poitrine un justaucorps de soie bleu de ciel, avec des manches collantes de même couleur, tandis que des cuissards de mailles d'argent damasquiné tempèrent militairement ce luxe d'étoffes élégantes. Un chaperon de velours noir, à revers écarlate, est légèrement incliné sur l'oreille gauche du cavalier, et un collier d'or et d'argent pend à son cou, soutenant la décoration de l'ordre de l'Hermine. Cette décoration se compose de deux fermails principaux, séparés par huit hermines et autant d'agrafes. Chacun de ces fermails retient une couronne surmontée d'un diamant, et à laquelle s'attache une hermine émaillée d'or, ayant au col une chaînette de quatorze perles. Un saphir forme le corps de cette hermine, et une bandelette offre ces mots : *A ma vie!* qui sont la devise de l'ordre.

Mais, quelque remarquables que soient ce costume et cette parure, ils ne servent qu'à faire ressortir la taille et la figure de celui qui les porte. La hauteur et la dignité de sa stature et de son maintien élèvent sa tête au-dessus des seigneurs qui l'entourent. Son visage est mâle, ouvert, et coloré par un sang généreux. Ses cheveux noirs pendent, roulés et luisants, sur son cou, dont la blancheur et la finesse indiquent la noblesse de sa race, en même temps que des contours fermes et musculeux prouvent sa vigueur et son courage. Les pommettes, qui caractérisent le type breton, font une légère saillie au-dessus de ses joues, et donnent à l'ovale de sa figure une apparence triangulaire, qui lui imprime une singulière énergie. Dans toute cette belle figure, d'ailleurs, avenante, juvénile et chevaleresque, un seul trait dénote le souci et la réflexion ; mais ce trait est caractéristique et saisissant : c'est un pli marqué au front, entre deux sourcils réguliers et calmes, et qui jette comme une ombre mystérieuse sur tout le visage, en altérant imperceptiblement le rayon bleu du regard. Faut-il voir là l'effet de préoccupations actuelles, ou le signe de méditations à venir? L'un et l'autre sans doute, si ce jeune homme est à la hauteur de sa dangereuse position ; car c'est Jean de Bretagne, comte de Montfort, le frère puîné du vieux duc et le compétiteur de sa nièce! Quel que soit, au reste, le rôle que le sort lui réserve, l'ambition semble dormir en ce moment

dans son âme, pour y laisser veiller l'amour
sans partage, et le rival redouté de Jeanne
de Penthièvre est aujourd'hui, avant tout,
l'heureux fiancé de Jeanne de Flandre.

Après la cour de Bretagne venait la cour
de France, et après le duc Jean III le roi
Philippe VI. Gravement installé sur un cheval blanc caparaçonné d'or de la tête à la
queue, ce monarque cheminait lentement
au centre du cortége, entre l'évêque et le
gouverneur de Chartres et les plus puissants
princes du royaume. Au premier rang de
ceux-ci marchait le jeune fils de France,
Jean de Normandie, suivi des comtes d'Eu
et d'Alençon, des ducs de Bourbon et d'A-
thènes. Tous ces seigneurs étaient en robes
de soie et de velours, mi-partie de couleurs
tranchantes, et portaient, sur des manches
pendantes jusqu'à leurs éperons, les insignes de leurs armoiries brodés en or et en

perles. Philippe de Valois avait un costume plus riche que brillant, dont son manteau bleu, semé de fleurs de lys, ne laissait voir que la moitié. Son air impassible et méditatif contrastait avec la joie de tout le monde; il se détournait rarement, et sans sourire, pour répondre d'un signe de tête aux acclamations du peuple, et si on eût pu voir ce qui se passait dans cet esprit profond, à travers le masque froid et immobile de son visage, on y eût trouvé sans doute moins de pensées bienveillantes pour le mariage du comte de Montfort que de rêves ambitieux sur la prochaine succession de Jean III. Aussi l'observation que fit à ce sujet un bourgeois de Chartres était-elle aussi juste que malicieuse.

— Sur mon âme, dit-il en regardant le roi, notre sire se rend à cette noce comme on irait à un enterrement.

Mais voici venir la partie du cortége qui mérite le plus notre attention, et qui attire aussi celle des bons Chartrains d'une manière toute particulière : c'est cette chevauchée de gentilshommes du Nord, qui escortent pompeusement Jeanne de Flandre, et auxquels se sont joints par courtoisie une foule de seigneurs français et bretons. Le premier qui s'avance est le comte Louis de Flandre, reconnaissable au luxe de ses fourrures. Il paraît aussi fier qu'heureux du mariage de sa sœur, et ne reçoit cependant pas sans préoccupation les félicitations qu'on lui adresse. Ces félicitations sont unanimes et bruyantes, ainsi que les acclamations du peuple de Chartres, et il suffit d'un coup d'œil jeté sur celle qui en est l'objet pour se convaincre qu'elles n'ont rien d'exagéré. Tournez vos regards vers ce dais de soie blanche, à franges d'or, porté galamment par quatre seigneurs de Paris, de Gand, de Nantes et de Chartres. Cherchez sous ses courtines flottantes la litière ouverte qu'elles ombragent, et remarquez dans cette litière la jeune fille qui en occupe le fond. Croyez-vous qu'il soit possible de rien voir de plus beau et de plus noble, et n'êtes-vous pas tenté de crier avec ce peuple que c'est la perle de la France? Tous les charmes, en effet, sont réunis dans cette figure, assemblage formé à plaisir des contrastes les plus rares. Des cheveux d'un brun sombre et doré sur une peau éclatante de blancheur; des yeux dont la prunelle noire, noyée dans un azur limpide, lance tour à tour de doux rayons ou des éclairs, sous le velours mat et foncé des cils et des sourcils; un front superbe et naïf tout à la fois, où la jeunesse, l'amour et l'intelligence se confondent dans une auréole magique; des joues fermes et vermeilles, ombragées d'un duvet imperceptible ; une bouche mignonne et fière, aux dents luisantes dans un demi-sourire; un nez aquilin, au profil impérial; un menton délicatement arrondi et frappé de deux fossettes charmantes; des traits romains enfin dans un ovale grec; toute la douceur voluptueuse du Nord avec toute la profonde vigueur du Midi; la grâce d'un ange et la beauté d'une femme : telle est la future épouse de l'heureux comte de Montfort. Sa taille et le reste de sa personne répondent à sa figure, autant que les panneaux de la litière permettent d'en juger, et sa toilette complète cet admirable ensemble, suivant la mode et le goût luxueux de l'époque. C'est d'abord une robe de satin bleu, brodée d'hermines d'argent, tombant à plis étroits depuis les hanches jusqu'aux pieds ; puis un surcot de velours rouge sans ceinture, dessinant les contours de la taille et des bras, lacé sur la poitrine avec des fils d'or et de soie tressés ensemble, et s'écartant coquettement par le bas, des deux côtés, pour laisser draper en liberté l'étoffe de la robe. A la hauteur des épaules, le satin bleu reparaît, sous la forme d'amples et longues manches pendantes jusqu'à terre, et relevées gracieusement par les bras, dont la forme se dessine sur une doublure d'hermine. Enfin la coiffure se compose d'un *frontier* d'or et de perles, renvoyant tous les cheveux en arrière, et d'une coiffe fuyante et pointue, ornée d'un voile de mousseline, timide acheminement vers l'énorme hennin du xve siècle. Tout cela est porté par Jeanne de Flandre avec cette grâce naturelle qui embellit la beauté, et constitue une sorte d'apparition éblouissante qui fait éclater de joie toute la population de Chartres.

— Noël! Noël! Vivat! répète-t-on de bouche en bouche sur le passage de la litière. Les femmes battent des mains, dans leur admiration naïve; les jeunes gens se précipitent à la suite de Jeanne, pour la regarder plus long-temps; les vieillards sourient et s'épanouissent à sa vue, comme s'ils se sentaient rajeunir, et les mères s'empressent de la montrer à leurs enfants, qui joignent les mains en croyant voir la Vierge Marie.

Mais, ce premier accès d'enthousiasme calmé, un autre sentiment s'empare des braves Chartrains : ils s'aperçoivent que Jeanne est aussi triste que belle, et leurs acclamations se changent en chuchotements.

— Sainte mère de Dieu! comme elle est pâle! dit une voix de jeune fille, à laquelle vingt autres font écho.

— Et que toute cette allégresse la réjouit médiocrement! ajoute une commère qui ne revient pas de sa surprise.

— Voyez, poursuit une jeune femme, elle ne salue qu'en baissant les yeux.

— Voilà qu'elle porte la main sur son cœur, comme si elle voulait y étouffer un soupir.

— C'est pourtant vrai, Jésus-Dieu ! mais tenez! tenez! voici bien autre chose. En entendant crier : *Noël à la comtesse de Montfort!* elle vient de détourner la tête pour essuyer une larme.

— Pas possible?

— Regardez plutôt.

— Et cette larme n'est pas la première, car elle a les yeux gonflés.

— Miséricorde! Qu'est-ce que cela veut dire?

— Dame! cela veut dire apparemment qu'elle n'est pas heureuse.

— Allons donc! quelle idée. !

—Pas heureuse... une personne si belle!.

— Une princesse qui tient à des rois par son père et par sa mère !

— Une fiancée que le roi de France vient de marier en personne !

— Et la fiancée du comte de Montfort, le plus accompli gentilhomme de la chrétienté !

— Le fait est que ce n'est pas du côté de son époux qu'elle doit avoir à se plaindre.

— Elle soupire et elle pleure cependant; la chose est positive.

— Cela prouve que le malheur se met partout, mes amis.

— Dites plutôt : cela prouve que le chagrin est comme la joie; chacun le prend où il le trouve, suivant son humeur et ses caprices.

— Il n'entre point de caprices dans la

tête de Jeanne de Flandre ; elle a l'air d'une personne trop raisonnable.

— Raisonnable... comme une femme. Elle n'est peut-être pas contente de son trousseau ?

— Son trousseau ! s'écria une brodeuse en accourant à ce mot. — D'abord elle ne le connaît pas encore, suivant l'usage, et elle ne le verra que demain après la messe nuptiale ; mais moi qui l'ai vu, je vous garantis qu'une reine serait contente à moins, et que le comte de Montfort a fait les choses de manière à se ruiner.

— D'autant plus, entre nous, qu'il n'est pas très riche.

— C'est vrai ; mais il est jeune et amoureux, et cela rendrait un pauvre magnifique. Jugez-en par le simple énoncé que voici.

Pendant que la brodeuse, entourée d'un

groupe de jeunes filles, énumérait, au bruit de mille acclamations, les sujets de joie qui attendaient la mariée au fond du bahut nuptial, un curieux, qui avait suivi le cortége jusqu'à sa destination, revint sur ses pas tout effaré...

— Si vous saviez, mes amis! dit-il à droite et à gauche en traversant la foule.

— Eh bien! eh bien! quoi donc? demanda chacun avec impatience.

— Un événement étrange et du plus mauvais augure!

— Ah bon Dieu!

— Le mariage de demain ne sera pas heureux, assurément, et je ne donnerais point mon avenir pour celui des épousés. Figurez-vous, d'abord, qu'au détour de la grande rue, sous l'arc de triomphe élevé par les arts et métiers...

— Eh bien?

— Eh bien, trois chevaux du cortége, qui marchaient à une grande distance l'un de l'autre, se sont successivement arrêtés court, à la même place, comme s'ils s'étaient entendus entre eux...

— C'est que les décorations de l'arc leur ont fait peur sans doute.

— Peur! à des animaux de première race, élevés dans les batailles! Dites donc que ces nobles bêtes ont prévu quelque grand malheur, et qu'elles se sont arrêtées pour donner un avertissement.

— En effet, c'est un avertissement! Mais les trois chevaux ont-ils passé sous l'arc enfin?

— Point du tout. Les coups de touche et d'éperon qu'on leur a prodigués n'ont pu obtenir cela d'eux, et ils ont continué leur route en faisant le tour de l'arc de triomphe.

— Vraiment!

— Comme je vous le dis. — Et encore il faut savoir quels sont ces trois chevaux, pour se faire idée d'un fatalité pareille.

— Ah! voyons! quels sont-ils?

— Le cheval du duc de Bretagne, le cheval du roi de France et le cheval du comte de Montfort! Est-ce clair, cela?

— Bonté divine! Quel pronostic pour un mariage!

— Mais ce n'est rien encore; écoutez la principale aventure. Vous savez qu'avant d'aller occuper l'Hôtel-de-Ville, le cortége devait entrer à la cathédrale.

— Où monseigneur chanterait un *Te Deum* avec tout son clergé?

— C'est cela. Eh bien, on s'est rendu, en effet, à l'église, et déjà le duc de Bretagne et le roi de France y avaient pris place, lorsqu'au moment où le comte de Flandre allait entrer à son tour, un grand cri s'est fait entendre parmi son escorte. Je m'y suis précipité avec quelques bourgeois, à la faveur du désordre, et voici ce que nous avons pu savoir. La litière de Jeanne de Flandre venait d'être posée sur le parvis, et on avait ouvert un panneau pour l'en faire descendre; mais à peine avait-elle mis le pied à terre, en s'appuyant sur la main du comte Louis, qu'elle a commencé à pâlir et à chanceler, et qu'il a fallu la soutenir à droite et à gauche. Elle a fait néanmoins quelques pas jusqu'au portail, et là, elle s'est arrêtée en détournant la tête; puis, plongeant un regard effrayé dans la nef, elle s'est rejetée en arrière, toute frissonnante. Alors sa force a paru l'abandonner entièrement, et elle est tombée avec un soupir entre les bras de son frère. C'est à cet instant qu'un cri général a été poussé, et que le plus triste tableau s'est offert à nos yeux. Jeanne était tout-à-fait évanouie ; le comte semblait prêt à défaillir en la soutenant. Les gentilshommes s'agitaient, parlaient entre eux ; un grand murmure s'élevait dans l'église, et tout le monde accourait du fond de la nef. Le comte de Montfort est arrivé un des premiers. Il était pâle et sombre, et n'écoutait personne. Il a couru à Jeanne, lui a pris la main, et l'a considérée en silence ; puis, laissant échapper un gémissement, et passant la main sur ses yeux, il a aidé le comte Louis à la replacer dans la litière. Alors, il a été décidé que le *Te Deum* n'aurait pas lieu, et l'on s'est précipité pêle-mêle vers l'Hôtel-de-Ville. Jeanne de Flandre était encore sans connaissance en y entrant, et une foule de peuple se pressait pour savoir de ses nouvelles.

Il est inutile de dire les mille conjectures auxquelles ce récit donna carrière. La plupart y virent la confirmation de leurs suppositions précédentes. Un petit nombre attribuèrent l'évanouissement de Jeanne à la fatigue et à l'émotion, et pas un seul ne soupçonna la mystérieuse vérité que nous allons révéler au lecteur.

II

La Confidence.

Dans une chambre de l'Hôtel-de-Ville de Chartres, Jeanne de Flandre était assise devant une fenêtre ouverte. Après lui avoir prodigué tous les soins nécessités par son accident, on venait de la quitter pour se conformer à son désir. Elle avait alors approché son fauteuil de la fenêtre, et elle respirait l'air frais qui arrivait du dehors. Son visage, encore pâle, mais calme, ne portait l'empreinte d'aucune souffrance corporelle, mais il y avait dans son regard une mélancolie profonde, qui indiquait que la douleur de son âme ne faisait que dormir.

A deux pas d'elle, sur un tabouret, une jeune fille, rose et blonde, se tenait en silence. Cette jeune fille était une simple chambrière *, à en juger par les manches de sa robe, brodées aux armes de Flandre; mais on devinait facilement qu'elle était une amie, en voyant la bienveillance familière que lui témoignait sa maîtresse. On sentait aussi, à la réserve muette et forcée de la première, qu'elle attendait de la seconde une marque de confiance, que celle-ci hé-

* Nos lecteurs sont priés de ne pas prêter à ce mot une acception trop servile, et de se souvenir qu'au XIVe siècle les chambrières des princesses n'étaient pas ce que peuvent être aujourd'hui leurs femmes de chambre.

sitait péniblement à lui accorder. Les événements de la journée, et surtout l'évanouissement du soir, étaient l'objet des souvenirs et des réflexions de l'une et de l'autre, et toutes deux avaient besoin de communiquer à ce sujet, celle-ci ses inquiétudes, celle-là ses confidences. C'était, au reste, une espèce de remords plutôt qu'un sentiment de discrétion, qui semblait retenir la parole sur les lèvres de Jeanne. Elle ne craignait pas de se livrer, mais de mal faire, et son regard, où se peignait l'orage de son âme, se fixait avec envie sur le front pur de sa compagne. Après une heure d'hésitation semblable, elle parut enfin se décider selon l'instinct de son cœur.

— Approche-toi, Marcy, dit-elle avec douceur à la chambrière.

— Me voici, madame*, répondit vivement

---

* On donnait alors le titre de dames aux princesses, même avant leur mariage.

la jeune fille, qui se hâta d'avancer son tabouret jusqu'auprès du fauteuil.

— Ma bonne Marcy, reprit Jeanne d'une voix émue, tu as toujours été ma compagne en Flandre, et tu as mieux aimé me suivre en Bretagne que d'accepter une liberté qui te séparait de moi.

— Ne m'en tenez pas compte, madame; je n'ai fait que préférer le plaisir à la peine.

— Ton entier dévouement inspire cette parole, comme il a inspiré ton action, et c'est ce dévouement, dont je sens de plus en plus la valeur, que je veux et dois récompenser aujourd'hui, autant qu'il est en mon pouvoir.

— En votre pouvoir, madame! vous ne parlez pas sérieusement?

— Je parle très sérieusement, au contraire. Écoute-moi de même, chère Marcy.

Depuis cinq ans que nous vivons ensemble, je t'ai confié mes secrets les plus précieux; il en est un seul que j'ai gardé jusqu'à ce jour, et pour toi comme pour moi, j'ai eu tort de te le cacher. Pour toi, mon enfant, parce que personne n'en mérite mieux la confidence; pour moi, hélas! parce qu'il est trop lourd à porter.

— Parlez et soulagez-vous ! s'écria la chambrière avec un empressement naïf où la curiosité avait la moindre part.

— Assure-toi d'abord que nous sommes bien seules, dit Jeanne, et que pendant une heure au moins personne ne peut nous interrompre.

Marcy fit le tour de la chambre et des pièces environnantes; puis, ayant poussé le verrou de la porte, elle revint s'asseoir aux pieds de sa maîtresse.

— Marcy, reprit Jeanne, je ne suis pas heureuse!

— Hélas! voici un an que je le remarque, et cependant tout ce qui fait le bonheur est réuni autour de vous.

— Tout! excepté une chose; la plus rare, mais la plus indispensable.

— Laquelle, madame?

— L'amour, mon enfant, l'amour compris et partagé.

— Ah! mon Dieu! Mais le comte de Montfort vous aime?

— Loyalement et profondément, c'est vrai; mais moi je ne l'aime pas comme il m'aime, Marcy!

— Il me semble cependant qu'il mérite...

— Il mérite tout sans doute, car on ne saurait imaginer un seigneur plus accompli. Mais, telle est la loi fatale de l'amour, j'aime un autre homme, moins parfait peut-être.

— Un homme que vous avez connu avant le comte?

— Une minute avant, Marcy.

— Juste ciel!

— Cela t'étonne? Je le conçois. Mais écoute-moi bien, et tu vas me comprendre. Tu te rappelles, quoique tu fusses alors absente, l'époque où le comte de Montfort vint à Gand pour la première fois?

— Il y a un an, à peu près. J'étais à Cassel, chez votre oncle.

— Il y aura un an dans trois semaines. Nos deux familles, suivant l'usage, nous avaient fiancés sans que nous nous fussions vus, et le comte arrivait pour me connaître, en même temps que pour se faire connaître à moi. On le disait fort épris de ma personne, sur ce qui lui en avait été rapporté, et j'avoue que la réputation qui le devançait à Gand m'avait également prévenue en sa faveur. Tout s'annonçait donc le plus heureusement du monde, et les inconvénients ordinaires de ces sortes d'unions lointaines semblaient, par un privilége particulier, ne devoir pas exister pour nous... Hélas! c'est ainsi que la destinée nous trompe toujours, en plaçant le mal derrière l'espérance du bien! Le jour fixé pour l'arrivée du comte et notre entrevue, mon frère alla au-devant de lui avec sa cour, et me laissa au palais avec celle de ma belle-sœur. J'étais brillante et parée comme aujourd'hui. Libre encore pour quelques instans, mon cœur battait dans ma poitrine, impatient et tremblant de se livrer. D'après l'idée que je m'étais formée du comte et celle qu'il s'était faite de moi-même, il me semblait qu'entre nous deux le premier regard serait décisif, et il ne me venait pas à l'esprit de supposer que ce premier regard pût être défavorable

Au bout d'une demi-heure d'attente, les acclamations du peuple nous annoncèrent l'approche du cortége, et je sentis bientôt redoubler mon émotion en entendant le pas des chevaux sous les fenêtres du palais. Ma belle-sœur me prit la main pour me conduire dans la cour d'honneur, comme nous en étions convenus avec mon frère. Je me laissai faire avec une confiance qui devenait de plus en plus douce, et mon pas se raffermit insensiblement à mesure que j'approchais du but... J'étais heureuse, Marcy, j'étais heureuse en ce moment, car le pressentiment du bonheur remplissait mon être, et n'y laissait plus la moindre place à l'inquiétude ou à la crainte. Ce que ma destinée avait de mystérieux et de hasardé me paraissait alors charmant et admirable. Sûre que mon plaisir et mon devoir allaient s'accorder ensemble, j'étais toute prête à aimer l'homme qui devait être le plus digne de mon amour ; j'allais avec sécurité au-devant de la chaîne que mon imagination avait couverte de fleurs... Quand nous arrivâmes sur le perron du palais, le cortége, de son côté, pénétrait dans la cour. Tous les seigneurs descendirent de cheval et se découvrirent, après quoi mon frère s'avança le premier vers ma sœur et moi. J'avoue qu'en ce moment je sentis renaître mon trouble, et que ma confiance céda la place à une singulière incertitude. Les seigneurs marchaient près du comte Louis, sans distinction de costume ni de rang, et, comme ils se ressemblaient tous au premier abord, mon regard hésitait entre ceux que je ne connaissais point. Leur lenteur et leur silence, d'ailleurs, semblaient conspirer encore pour prolonger mon embarras. Il y en eut un enfin que je remarquai entre les autres. Les traits mâles et doux de sa figure, ses cheveux noirs, roulés sur son cou à la mode de Bretagne, la noble hauteur de sa taille et l'élégante dignité de son maintien, se rapportaient si parfaitement au portrait que je m'étais tracé du comte de Montfort, que je me dis en le regardant : ce doit être lui! Je fus bientôt confirmée dans cette idée par l'émotion que lui causa ma vue. Il rougit, en effet, en m'apercevant au milieu des femmes, et fit un léger mouvement en arrière, qu'il ne put dérober à mon attention.

— C'est lui! c'est lui! c'est Montfort! me répétèrent vivement les battements de mon cœur; et, fière de le trouver déjà au-dessus de mon rêve, j'ajoutais avec joie : — je pourrai l'aimer! — lorsque mon frère s'approcha de moi et m'adressa la parole.

— Ma sœur, dit-il, le comte de Montfort est parmi les seigneurs qui m'entourent. Il a désiré y rester confondu en paraissant devant vous, et il espère que vous le reconnaîtrez comme il vous a reconnue lui-même.

Mon premier mouvement, à ces mots, fut un frémissement de terreur instinctive : je rougis et pâlis presque en même temps, et cherchai en vain à balbutier une excuse. Mais je me rassurai facilement, en regardant de nouveau le seigneur aux cheveux noirs, car je le vis aussi embarrassé que moi-même, et il me fut impossible de douter que ce fût le comte. Pénétrée néanmoins, dans le fond de l'âme, du danger d'une semblable épreuve, je trouvai moyen de l'éluder tout en m'y soumettant, et je voulus reconnaître Montfort pour lui seul, sans paraître le reconnaître pour les autres. Faisant donc un pas vers celui qui était déjà le comte à mes yeux, et lui jetant un regard dont il pouvait seul remarquer l'expression :

— Monseigneur, dis-je en lui tendant la main, je vous prie de me présenter au comte de Montfort.

Tu juges que je m'attendais à le voir tomber à mes pieds, en s'écriant : c'est moi! Figure-toi donc ma surprise et ma honte, lorsqu'il me prit la main sans prononcer une syllabe. Aussi confus et aussi tremblant que moi-même, il répondit à mon regard par un sourire douloureux.

— Plût au ciel que je fusse le comte de Montfort, madame! me soupira-t-il à l'oreille.

— Mais le voici, ajouta-t-il en élevant la voix, et en me conduisant à un seigneur qui se trouvait à deux pas de nous.

— Sainte Vierge Marie! s'écria la chambrière, qui ne put s'empêcher ici d'interrompre sa maîtresse.

— Je m'étais trompée, Marcy! poursuivit

Jeanne en mettant ses deux mains sur sa figure. Je n'avais point aperçu le seul homme que je devais voir, et j'avais offert mon cœur à celui qui ne pouvait le posséder. J'eus beau faire alors pour réparer cette erreur, et je m'efforçai en vain de n'avoir d'yeux que pour le comte. Tout ce que je pus obtenir, ce fut de l'abuser, mais je ne pus me faire illusion à moi-même. Plus son amour (car il m'aimait déjà) interpréta favorablement mes paroles entrecoupées, plus l'image de l'autre m'apparut malgré moi à sa place, gravée qu'elle était d'avance au fond de mon âme! Oh! c'est quelque chose d'étrange et de fatal qu'une première impression! et notre cœur est un miroir capricieux qui ne garde qu'une seule fois l'empreinte de ce qu'il reflète! Montfort était le plus beau, Marcy, le plus noble et le plus brillant! c'est le premier chevalier de

France enfin, de l'aveu de tout le monde, et je ne pouvais m'empêcher de le reconnaître! toutes ses paroles, tous ses regards, toute sa personne, respiraient l'honneur et l'amour! je sentais, en le voyant approcher, que le bonheur même venait au-devant de moi; eh bien! le sort en était jeté, Marcy, j'oubliais tout cela pour sir Hugues de Caverley.

— Sir Hugues de Caverley?

— J'ai dit son nom!... Silence, enfant! Songe que ma vie est dans ce secret terrible!

— Soyez tranquille, madame;—il mourra avec moi! Mais qui aurait soupçonné, mon Dieu, qu'un étranger aussi inconnu?...

— Inconnu, c'est vrai; étranger, non. Depuis deux ans qu'il avait quitté l'Angleterre pour la Bretagne, il avait pris le costume et les manières d'un chevalier de ce pays. Retiré à Hennebond, chez le baron de Spinefort, dont la famille et la sienne ont été alliées autrefois, il s'était trouvé heureux d'accompagner le comte de Montfort en Flandre, et il s'était lié avec lui, pendant le voyage, d'une amitié qui les honorait tous deux. Durant une semaine, Marcy, je les vis ensemble à Gand. Montfort déploya devant moi les mille qualités de son cœur et de son esprit, Caverley ne fit que m'écouter et me contempler en silence, et ce silence et cette attention m'en dirent plus que toutes les paroles. Je ne tardai pas à soupçonner que j'avais fait sur lui la même impression qu'il avait produite sur moi ; que nous nous étions aimés réciproquement, au premier regard, comme deux âmes créées l'une pour l'autre ; et ce soupçon se changea en certitude, le jour du départ de Montfort. Tandis qu'il se retirait, plein de regrets et de confiance, après avoir fixé l'époque et le lieu de notre mariage, sir Hugues trouva un prétexte pour rester, et je me vis livrée sans défense à mon amour. Cet amour s'accrut d'autant plus facilement, hélas! qu'il était impossible de le sevrer de toute espérance. Je n'étais que la fiancée du comte de Montfort, et ce lien n'avait rien d'indissoluble. Caverley le savait comme moi, car il osa me voir et me le dire. Il m'aida à oublier ma parole en oubliant lui-même l'amitié, et il égara tellement mon esprit par mon cœur, que je l'autorisai à s'ouvrir à mon frère. Au premier abord, le comte Louis s'emporta; il ordonna au téméraire de partir, et traita notre faiblesse de trahison; puis il se calma et se radoucit, par des réflexions d'intérêt personnel. Je n'étais pas riche, et Montfort ne l'était guère : il fallait donc me doter sur les États de Flandre, en attendant la réalisation des hautes espérances de mon fiancé. D'une autre part, si Caverley n'était qu'un simple chevalier anglais, il avait l'avantage de posséder des biens considérables, et son opulence pouvait relever son rang. Cette pensée changea la résolution de mon frère au point d'en faire bientôt notre complice.

— Sir Hugues, dit-il à l'étranger, ma sœur vous aime si profondément, que toute autre alliance peut la rendre malheureuse. Or, son bonheur étant mon but avant tout, voici la proposition que j'ai à vous faire. Partez à l'instant pour la Grande-Bretagne; allez trouver le roi Édouard, votre maître; offrez-lui vos services, votre fortune, votre sang s'il le faut, et demandez-lui l'investiture d'un marquisat ou d'un comté. Si vous obtenez cette faveur à temps, revenez en Flandre, et je me charge de rompre à l'amiable mes engagements avec le comte de Montfort.

— Caverley partit aussitôt, trop heureux pour écouter des scrupules, et je l'accompagnai de mes vœux impitoyables, sans songer qu'ils attentaient aux droits d'un autre. — Plusieurs mois s'écoulèrent, Marcy, plusieurs mois d'attente mortelle et inutile.

— Sir Hugues ne revint pas? dit la chambrière.

— Non seulement il ne revint pas, poursuivit Jeanne avec force, mais il ne nous envoya pas même de ses nouvelles! Ah! ce qui se passa dès lors en mon âme, je ne saurais me le rappeler ni te le dire. Tantôt mon amour pour Caverley me faisait trembler qu'il n'existât plus; tantôt mes remords à l'égard du comte me criaient que j'étais punie par une trahison. Ne sachant si je devais pleurer l'un ou le maudire, je me sentais ramenée tour à tour à l'autre, comme à une expiation ou à une récompense. Cependant l'époque fixée pour mon mariage approchait ; ce fut alors que la voix de la raison étouffa celle de l'amour, et je reconnus avec mon frère que nous étions dupes d'un infidèle. Car le moyen de croire que nous eussions ignoré son sort, si lui-même n'avait eu intérêt à nous le cacher soigneusement? Non! non! il m'avait oubliée, le malheureux! Et ma plus grande douleur était de ne pouvoir l'oublier aussi! Je parvins pourtant, il y a un mois, à exiler son souvenir de mon âme ; je me persuadai même que j'aimerais Montfort, en lisant avec attendrissement les lettres qu'il écrivait à mon frère. Enfin, le moment décisif arrivé, je me crus libre, et je partis pour Chartres sans songer à Caverley. Hélas! je me flattais, Marcy, et je rougis de l'aveu qu'il me reste à te faire ! Cette image fatale et maudite, que je croyais avoir laissée à Gand, je l'ai retrouvée entre moi et le comte de Montfort, aussitôt qu'il a reparu devant moi ! Les circonstances de notre première entrevue en Flandre ont repassé dans ma mémoire, et tout mon cœur a été bouleversé de nouveau. Ma résolution s'est envolée avec ma certitude, et je n'ai plus rien cru ni rien voulu ; et je me suis demandé si j'étais bien sûre d'être trahie, et de quel droit je comptais être heureuse ; et j'ai vu enfin que je n'aimais pas Montfort, et que j'aimais toujours Caverley ! Telle est la perplexité affreuse qui a pesé sur moi jusqu'à la porte de la cathédrale, et qui a fini par me jeter évanouie devant cette porte, à la vue de l'autel où doit s'accomplir mon sacrifice ! Voilà mon secret, Marcy, le voilà tout entier ! Excuse-moi et plains-moi, mon enfant, toi dont l'âme est aussi pure que le cœur est bon, et soutiens-moi demain de ton regard doux et ami, quand l'heure aura sonné de prononcer la parole irrévocable.

La nuit était venue pendant cette confidence, et les deux femmes se trouvaient dans l'ombre. Pour toute réponse aux derniers mots de Jeanne, la jeune fille toucha la main qui venait au-devant de la sienne, et, inclinant au-dessus sa blonde tête, elle y déposa un baiser et une larme. Déjà soulagée un peu par sa propre confiance, Jeanne le fut tout-à-fait par cette sympathie secrète, et appuyant son front à l'épaule de Marcy, elle versa des pleurs qui ne coulèrent pas seuls.

Il y avait une heure que durait cet épanchement, lorsque quelqu'un frappa à la porte de la chambre.

La jeune fille alla ouvrir en s'essuyant les

yeux, et introduisit une des femmes de Jeanne portant un flambleau.

— Monseigneur de Montfort fait demander, dit cette femme, quand madame pourra le recevoir en particulier.

Jeanne tressaillit au nom de son époux, comme un coupable au nom de son juge.

— Pas ce soir! répondit-elle d'une voix tremblante. Dites à monseigneur que je vais mieux, mais que je ne pourrai le voir que demain matin.

— Pourquoi désire-t-il m'entretenir? ajouta-t-elle en elle-même. Cet évanouissement aurait-il donné l'alarme à sa confiance, et soupçonnerait-il quelque chose de la vérité?

III

La Gerbe-d'Or.

Quelque impatients que puissent être nos lecteurs de savoir ce que Montfort avait à dire à Jeanne, c'est un secret dont nous sommes obligé de leur faire attendre la confidence, pour transporter leur attention sur un autre point essentiel. Il s'agit d'une petite scène qui se passait sur la route de Chartres, à quinze lieues de cette ville, et qui, tout insignifiante en apparence, avait en réalité une importance énorme.

C'était le lendemain du jour où avaient eu lieu les événements que nous venons de raconter, et par conséquent le jour même de la cérémonie du mariage. Pendant que les préparatifs de cette cérémonie se faisaient à Chartres, le tavernier de *la Gerbe-d'Or*, logeant à pied et à cheval, se tenait tranquillement sur le pas de sa porte, réfléchissant aux beaux cortéges qu'il avait vus défiler la veille. Il était tout-à-fait abîmé dans ses méditations, lorsqu'un bruit connu vint flatter son oreille; deux cavaliers arrivaient sur la grande route, au milieu d'un tourbillon de poussière. A la diversité de leurs costumes, et malgré la ressemblance de leurs chevaux, il était facile de reconnaître, au premier coup d'œil, un seigneur et son écuyer. L'un portait un pourpoint noir sur un justaucorps vert, avec deux longues plumes rouges, flottant sur un petit feutre anglais ; l'autre était couvert d'un maillot d'acier, depuis les pieds jusqu'à la tête ; lequel maillot disparaissait, seulement dans la hauteur du buste, sous un justaucorps mi-partie rouge et bleu, serré à la taille par une large courroie. Une trompette en corne, suspendue à un baudrier noir, complétait cet équipement plus ou moins militaire.

Au train dont allaient ces deux voyageurs, l'aubergiste craignit d'abord qu'ils ne fussent pas en humeur de s'arrêter ; mais il se rassura bientôt à ce sujet, en recueillant quelques mots de leur conversation.

— Monseigneur, disait l'écuyer, j'espère que nous allons faire une petite halte.

— Ni petite, ni grande, répondit le gentilhomme ; nous ne descendrons pas de cheval avant Chartres.

— Par saint Georges ! vous m'y porterez donc, monseigneur ; car, avec toute la bonne volonté du monde, je ne saurais y arriver vivant.

— Pourquoi n'y arriverais-tu pas comme moi, drôle ?

— Par une raison toute simple, hélas ! et dont je conviens à ma honte. Je reconnais depuis trois jours, et surtout en ce moment, que nous ne sommes ni de la même nature ni de la même trempe. Vous êtes une espèce de dragon de bronze aux ailes d'acier, capable de faire deux cents lieues sans se rafraîchir, et moi, je ne suis qu'un faible mortel qui n'a pas plus tôt galopé quarante-huit heures, qu'il meurt de soif et de faim, sans compter la fatigue.

— Tu boiras, tu mangeras et tu te reposeras à Chartres !

— Vous oubliez que j'ai eu l'honneur de

vous dire que je n'y arriverais pas. Voilà pourquoi je voudrais me reposer, manger et boire auparavant. Croyez-moi, monseigneur, c'est dans votre intérêt que je vous parle.

En prononçant ces mots, l'écuyer se trouvait devant la porte de l'auberge. A la vue du signe d'abondance peint sur l'enseigne, il lui fut impossible de ne pas s'arrêter ; et c'est ce qu'il fit sans consulter son maître, en lui adressant toutefois un regard attendrissant.

— Allons, allons ! pas de lâcheté ! dit le gentilhomme, en touchant à la fois le cheval et le cavalier.

Mais l'un ne bougea pas plus que l'autre, et l'homme profita de la complicité de l'animal.

— Quand je vous dis que c'est dans votre intérêt, monseigneur, reprit le premier en montrant le second. Cette pauvre bête va s'abattre, aussi bien que la vôtre, si nous ne les laissons pas respirer, et vous verrez que nous arriverons trop tard, faute d'un peu de foin et d'avoine.

— C'est-à-dire, faute d'une tranche de pâté et d'une cruche de cervoise, répondit le seigneur avec un sourire forcé. Allons, soit! ajouta-t-il en quittant les arçons; tu as cinq minutes pour te repaître, homme sans cœur.

— Dites sans estomac, monseigneur, et soyez béni! repartit l'écuyer, qui déploya autant de prestesse pour sauter à terre qu'il en avait trouvé peu pour continuer sa route.

Hommes et chevaux entrèrent à l'auberge, à la grande satisfaction du tavernier, et l'écuyer arrosa voluptueusement un morceau de jambon d'un écumeux hanap de bière, tandis que son maître, assis à l'écart;

trempait distraitement ses lèvres dans une coupe de vieux vin.

— Eh bien ! est-ce fini ? demanda ce dernier au bout d'une minute.

— Fini, monseigneur ! s'écria l'autre en frémissant. Hélas ! c'est à peine commencé, ajouta-t-il d'un accent lamentable, étouffé par le succulent mastic qui lui traversait en ce moment le gosier.

Pour rendre l'opération plus facile et plus prompte, il lâcha quelques mailles d'acier de son vêtement, ce qui lui donna la faculté de respirer à l'aise, en même temps que cela lui assurait quelques instants de plus. En effet, lorsqu'on lui déclara qu'il était temps de repartir, il fallut bien lui laisser le loisir de rajuster son équipement, et il profita de ce délai forcé pour absorber un nouveau hanap de bière. Le gentilhomme l'employa, de son côté, à interroger l'aubergiste, tout en l'aidant, dans son impatience, à remettre les chevaux en état.

— Mon maître, lui dit-il, c'est hier au soir, n'est-ce pas, que vous avez vu passer ici le cortége de Jeanne de Flandre?

— Hier au soir, monseigneur! répondit le tavernier; je vous demande bien pardon, c'est hier matin.

— Hier matin! s'écria le seigneur, qui devint pâle. Et vous rappelez-vous à quelle heure?

— Mais long-temps avant midi. Le cortége est entré dans la journée à Chartres.

— Vous en êtes bien sûr? reprit le cavalier, dont l'anxiété augmentait à chaque question.

— Parfaitement sûr, monseigneur. Des curieux du village voisin, qui l'avaient suivi, ont eu le temps de revenir ici avant la nuit close. Un d'entre eux même a raconté un fait assez singulier.

— Ah! quel fait?

— En descendant de litière, à la porte de la cathédrale, il paraît que Jeanne de Flandre est tombée évanouie dans les bras de son frère, et qu'il a fallu la transporter ainsi à l'Hôtel-de-Ville, au lieu de chanter le *Te Deum* qu'on avait annoncé.

— Évanouie! dans les bras de son frère! répéta le gentilhomme d'une voix étouffée par l'émotion.

— Au reste, reprit l'aubergiste, cela n'a rien été, et on dit que le mariage n'en a pas moins lieu ce matin.

— Ce matin!

— Tous les habitants de ce pays, qui ont voulu y assister, sont partis pour Chartres à la pointe du jour.

— Grand Dieu! s'écria le seigneur

éperdu ; mais la cérémonie se fait donc en ce moment ?

— Ma foi ! il est dix heures ; cela se pourrait bien.

— Priez Dieu pour que cela ne soit pas, malheureux ! dit le gentilhomme en s'élançant sur son cheval.

Il appela son écuyer qui en fit autant, et tous deux disparurent sur la route comme si le vent les eût emportés.

— Peste ! se dit l'aubergiste, en regardant la pièce d'or qu'on lui avait jetée dans la main, voilà deux cavaliers qui tiennent beaucoup à se trouver à la noce de Jeanne de Flandre !

En attendant que nous les y rejoignions, laissons-les galoper ventre à terre, et voyons maintenant ce que le comte de Montfort avait à dire à sa belle et triste fiancée.

IV

Jean de Montfort.

Neuf heures venaient de sonner à la cathédrale, lorsque le comte se présenta à la porte de Jeanne. Il faisait jour, en ce temps-là, dès le matin chez les plus hautes dames, et la jeune fille était déjà disposée à recevoir Jean de Montfort. Tous deux, au reste, avaient un costume d'une simplicité provisoire, et la robe noire, doublée de rouge, du comte, le surcot violet et flottant de sa compagne, n'attendaient que le moment de céder la place à la toilette nuptiale. Le visage du premier était couvert d'une légère pâleur, tandis que les joues de la seconde, au contraire, rougissaient d'une crainte pudique.

Montfort s'informa de la santé de Jeanne avec un empressement gracieux; il la regarda, tandis qu'elle lui répondait, d'un œil à la fois inquiet et charmé; puis enfin, la priant doucement de s'asseoir, il lui adressa les paroles suivantes :

— Après ce qui s'est passé entre nous, et au point où nous sommes arrivés, ce que j'ai à vous dire aujourd'hui, madame, va sans doute vous paraître étrange; mais je suis inspiré par un scrupule que vous êtes digne d'apprécier; et puissiez-vous comprendre ma démarche sans avoir besoin d'en tirer parti! Tout est prêt pour notre mariage, madame : l'autel est dressé dans la cathédrale; l'évêque, le clergé et le peuple nous attendent; nos deux familles se préparent à nous assister; le roi de France et le duc de Bretagne revêtent la pourpre et l'hermine; nous-mêmes enfin nous allons nous faire parer pour la cérémonie... Eh bien! c'est le moment de vous prouver que je vous épouse par amour et non par négociation : je viens vous rappeler que vous êtes libre encore, et que tout peut se suspendre ou s'achever, selon qu'il vous plaira d'en donner l'ordre.

A cette proposition inattendue, Jeanne frémit d'une terreur mêlée de joie secrète. Devant la noble figure de son fiancé, reproche vivant de sa faiblesse et de son erreur, passa de nouveau le fantôme du chevalier anglais, douce personnification des illusions de son âme. Il lui sembla qu'il était encore devant elle, et que tout allait s'arranger selon son cœur. L'illusion fut si grande, un instant, qu'elle faillit se jeter aux pieds de Montfort et lui tout avouer ; mais le souvenir amer de ses ressentiments la retint aussitôt, et elle s'efforça de recueillir son sang-froid pour l'épreuve qu'elle allait subir.

—Monseigneur, demanda-t-elle au comte, qui a pu vous faire penser que je balançais encore ?

— Vous me le demandez, Jeanne ? répondit Montfort avec bonté. Eh bien ! alors je vais vous le dire franchement, et à une seule condition.

— Laquelle ?

— C'est que votre confiance récompensera ma confiance, et que votre cœur s'ouvrira à l'exemple du mien.

— Craignez-vous donc d'y lire, monseigneur, autre chose que les sentiments que vous méritez ?

— Je ne crains rien, que de ne pas vous voir heureuse, Jeanne ! et le ciel m'est témoin que je m'oublie tout entier. Mais c'est touchant votre avenir que l'espoir ne me suffit pas, et qu'il me faut la certitude complète que j'ai le malheur d'attendre encore... Daignez m'écouter sans m'interrompre, et laisser ma sincérité provoquer la vôtre. Je vous ai aimée, Jeanne, du jour où je vous ai vue, et je n'ai pas cessé de croire, depuis ce jour, que vous seule pouvez me rendre heureux. Je ne me suis pas assez fait connaître à vous, sans doute, pour vous donner la même opinion de moi ; mais j'ai pu du moins présumer, à Gand, que mes hommages et mes soins ne vous déplaisaient pas. Les dernières lettres de votre frère m'en avaient donné l'assurance, et c'est hier au soir seulement que j'ai senti le doute entrer dans mon âme.

— Hier au soir! répéta Jeanne toute tremblante.

Et elle se reprocha sa confidence à Marcy, comme si quelque autre eût pu l'entendre; mais elle se rassura bientôt quand Montfort continua ainsi :

— Hélas! oui, madame, ce qui devait confirmer mon espérance l'a ébranlée : c'est en vous voyant que j'ai craint pour votre sort! Rappelez vos souvenirs d'hier, en effet, et dites-moi si je me suis créé des alarmes! N'avez-vous pas tremblé et pâli en me revoyant? Votre regard ne s'est-il pas constamment baissé devant le mien! Votre main n'a-t-elle pas frissonné sous mes lèvres? Et vos paroles, madame! comparez-en la froideur et la brièveté à la chaleur et à l'effusion des miennes! Je sais que le trouble était naturel à votre situation, comme la réserve l'est à votre sexe et à votre âge; et je me suis même empressé de m'expliquer ainsi les choses; je me suis créé des illusions tant qu'elles ont été possibles; je me suis réjoui et félicité jusqu'au moment où il a fallu renoncer à le faire. Mais votre étrange émotion à la porte de la cathédrale! cette impossibilité d'y entrer à ma suite! cet évanouissement dans les bras de votre frère! ce refus inexpliqué, enfin, de me recevoir ici hier au soir! Je vous le demande, madame, comment interpréter tout cela? Comment ne pas trembler maintenant de vous conduire à l'autel? Comment avoir la douce conviction que c'est le bonheur qui vous y attend?

— Et cependant, Jeanne, continua Montfort en lui prenant la main, ne croyez pas que je vous interroge ici comme un juge, et que j'exige pour moi l'explication de ce que vous ne vous expliquez peut-être pas à vous-même. Je sais que votre cœur est libre et pur, et vous savez que je ne suis ni méfiant ni sévère. Je vous aime seulement, et je voudrais être aimé de vous. Répondez donc à une seule incertitude et à une seule question ; mais répondez sur votre âme et devant Dieu ! dois-je attribuer ce qui vous est arrivé hier à quelque aversion pour ma personne, et avez-vous peur d'être malheureuse en liant votre destinée à la mienne ?

— De l'aversion pour vous, monseigneur ! malheureuse avec vous ! s'écria Jeanne. Qui oserait dire ou penser une pareille chose ; et quelle femme vous méconnaîtrait à ce point ? — L'image de Caverley commençait à disparaître devant la délicatesse et la générosité de Montfort.

— Alors, reprit le comte avec expression, dites-moi que mes doutes étaient faux, et que vous pourrez m'aimer.

Ce mot fatal fit hésiter Jeanne, et ce fut en baissant les yeux qu'elle répondit :

— Si l'estime et l'admiration peuvent conduire à l'amour, il me suffira, monseigneur, de connaître en vous l'homme comme le chevalier.

— Ah! connaissez tout de suite l'un et l'autre! interrompit Montfort; car lorsqu'on aime autant que je vous aime, on peut répondre de l'avenir ainsi que du présent... Votre gloire et votre bonheur, Jeanne, seront mes seules pensées! Votre bonheur, je l'assurerai par tous les dévouements et toutes les tendresses dont un cœur fidèle est capable! Je le cimenterai de toutes les joies qui peuvent changer l'existence en une fête éternelle! Votre gloire, cette épée la fera aussi éclatante et aussi solide que celle des reines et des impératrices, et vous en composera une auréole qui vaudra toutes les couronnes de ce monde! Votre vie sera si belle et si illustre, que les seules têtes qui ne s'inclineront pas devant la vôtre seront celles qui lui porteront envie; et que pour désigner la plus brillante et la plus fortunée, chacun nommera la comtesse de Montfort! Voilà ce que vous serez, Jeanne, si Dieu me laisse vivre; voilà ce que je ferai pour vous, si vous m'aimez!

En parlant ainsi, le comte s'était jeté aux pieds de la jeune fille. Il était si beau et si sublime, si tendre et si passionné, que Jeanne sentit un voile se déchirer devant ses yeux, et connut enfin son fiancé tel qu'il était. Le bonheur et la gloire, en effet, se lisaient dans ce regard étincelant et sur ce front inspiré, et il était impossible de ne pas céder à ce double prestige, agissant à la fois sur le cœur et sur la tête.

Montfort lui-même vit sa puissance, et poursuivit, en se relevant de toute sa hauteur :

— Maintenant, Jeanne, réfléchissez et répondez-moi. Je n'ai jamais cherché à tenir votre main d'un autre que vous-même, et c'est de votre bonheur et non pas du mien qu'il s'agira dans une heure. Ne vous sentez-vous pas disposée à m'aimer, et voulez-vous reprendre votre liberté pendant qu'il en est temps encore ? ou bien n'avez-vous plus d'indécision dans l'âme, et pouvez-vous librement me jurer un amour éternel ?

— Oui, éternel ! s'écria la jeune fille exaltée, en tendant les deux mains au comte par un mouvement digne de lui.

L'héroïque fiancé avait remporté la victoire, et l'infidèle amant n'existait plus !

— Dans une heure donc, à la cathédrale! dit Montfort.

Et après avoir couvert de baisers les mains de Jeanne, il s'éloigna en se retournant trois fois vers elle.

V

La Demande.

Une heure après, la cathédrale de Chartres était assiégée d'une foule innombrable. Sur le parvis, en face du grand portail, toute la population de la ville attendait que la messe nuptiale commençât. L'entrée de l'église leur était interdite jusqu'à ce moment, à cause de la cérémonie préparatoire qui avait lieu devant la porte. Cette cérémonie, nommée *la Demande*, cérémonie toute bretonne, transplantée en quelque sorte à Chartres, à titre de privilége national, par les gens de la suite de Montfort et de Jean III, mérite d'être exposée ici, comme tableau des mœurs de la Bretagne au moyen-âge, et fera voir comment, dans ce pays et à cette époque reculée, au milieu des circonstances capitales et décisives de la vie, les personnages les plus graves se prêtaient au mélange du trivial et du sublime, du comique et du touchant.

C'était donc devant la porte de l'église, sur les dalles mêmes du portail, et presque sous les piliers du porche. Tous les personnages que nous avons montrés au lecteur étaient gravement réunis en cercle, pareils à des spectateurs dociles attendant une représentation. C'était véritablement une comédie qu'ils allaient voir, et les acteurs ne tardèrent pas à paraître.

De l'ombre d'un pilier, où se tenaient le duc de Bretagne et le comte de Montfort, et de l'angle d'un autre, près duquel étaient Jeanne de Flandre et son frère, s'avancèrent en même temps deux écuyers bretons, qu'on eût pris pour toute autre chose à la vue de leurs costumes. Le premier, en effet, portait une imitation exacte des vêtements de Jean de Montfort, et le second représentait fidèlement, par les siens, le duc Louis de Flandre, frère de Jeanne. Tous deux se saluèrent aussi courtoisement que possible, afin de rendre l'illusion plus complète, et se posant dignement l'un devant l'autre, entamèrent, en rimes bretonnes, le dialogue suivant, dont la simplicité populaire contrastait avec leurs nobles habits, et que des interprètes officieux s'empressèrent d'expliquer aux oreilles françaises et flamandes *.

LE PREMIER ÉCUYER, représentant Montfort.

Dieu vous garde, messire ; puisque vous voici oisif et en habits de fête, vous aurez bien le temps d'écouter quelques mots. Je suis un pèlerin qui porte de bonnes nouvelles. (Montrant Louis de Flandre et les seigneurs qui l'entourent.) Dites-moi, de grâce, quelle est cette famille?

* La cérémonie que nous décrivons s'est conservée chez les paysans de la Cornouaille et du Léonais; les strophes qu'on va lire ont été modifiées en conséquence, et consacrées dans plusieurs recueils ou *rimou*, imprimés à Morlaix et à Quimper. Nous avons suivi, dans la traduction que nous donnons ici, sauf quelques changements indispensables, l'excellent ouvrage de M. Émile Souvestre : *Les Derniers Bretons*, le meilleur livre écrit jusqu'à ce jour sur la Bretagne. On peut aussi voir une exquise imitation en vers de ce chant celtique, dans le délicieux poëme intitulé *Marie*, publié par M. Brizeux, il y a quelques années.

LE SECOND ÉCUYER, représentant Louis de Flandre.

Je vous rends votre salut, seigneur pèlerin. J'aime à croire que vous êtes un honnête gentilhomme ; mais suivez votre chemin, je vous prie ; il n'y a rien de commun entre nous.

LE PREMIER ÉCUYER.

Comment, messire ! Je croyais que vous m'auriez au moins invité à entrer dans votre maison, pour détacher le ceinturon de mon épée ; j'avais même pensé que, si mon salut vous plaisait, vous m'auriez proposé de boire à votre hanap. Et au lieu de cela, vous ne me laissez voir que le trou de la serrure ! Dites-moi, ne seriez-vous pas un hérétique ou le fils du mauvais riche ?

LE SECOND ÉCUYER.

Nullement ; mais nous avons souvent vu

des vagabonds entrer ici pour boire notre vin : cela nous a rendus prudents. Cependant, si vous êtes las, je vous prêterai une escabelle sur laquelle vous pourrez vous asseoir. Qu'en dites-vous? cela ne vous sera-t-il pas bien commode?

LE PREMIER ÉCUYER.

Messire, je ne suis point un vagabond; je viens ici remplir une mission digne d'un chrétien; car il est dit dans l'Écriture qu'autrefois un honnête seigneur, nommé Éliézer, fit ce que je fais aujourd'hui, et l'Écriture dit aussi qu'Éliézer fut reçu avec honneur, et qu'on ne le laissa pas hors du seuil.

LE SECOND ÉCUYER.

Oh! si Éliézer fût venu vers moi, je l'aurais embrassé à deux bras, car c'était, en effet, un seigneur plein de foi et de religion. Mais maintenant les routes sont couvertes de gens qui aiment le mensonge et la tromperie ; ils vous promettent la mer et les montagnes pour vous donner un grain d'avoine. Si vous êtes un trompeur comme eux, n'approchez pas de nous.

LE PREMIER ÉCUYER.

Éliézer, mon modèle, était fidèle et vrai. Dieu le conduisait vers une jeune fille, belle comme les étoiles du ciel, et qui craignait le Seigneur. C'étaient des gens charitables, qui ouvrirent leur maison au messager, et lui servirent de quoi rassasier sa faim. Mais il dit qu'il ne mangerait pas avant d'avoir expliqué pourquoi il venait. Et moi aussi je n'ai point de temps à perdre; je suis venu pour la même mission qu'Éliézer. Vous avez beau feindre (montrant Louis de Flandre), une jeune fille est là! Dites-lui que j'arrive au nom de celui qu'elle aime le plus parmi les hommes qui vivent et passent sur cette terre! Il l'attend ici pour qu'ils aillent lier leurs vies à jamais! Assez de finesses et de résistance, messire; vous savez bien que celui que je représente est riche et puissant, et que c'est la meilleure des créatures qui mangent le pain de Dieu.

LE SECOND ÉCUYER.

Il semblerait, à vous entendre, que tout est décidé. Je crois que vous êtes clerc et savant, car vous parlez avec une rare éloquence; mais pensez-vous donc que la jeune fille que vous demandez se jette au premier venu, comme une paille de seigle qu'on foule aux pieds dans les chemins?

LE PREMIER ÉCUYER.

Le seigneur qui la recherche n'est pas de ceux qu'on refuse. Il manie l'épée d'une main sûre et facile, et tue dans les batailles autant d'ennemis que trois chevaliers ensemble. Quand la victoire balance, il lui suffit de paraître pour la décider. Dans les tournois, ses reins sont de fer et ses poignets d'acier ; auprès des dames, des paroles de miel coulent de ses lèvres.

LE SECOND ÉCUYER.

Eh ! qui pourrait égaler la jeune fille que vous demandez? L'avez-vous vue chevaucher sur sa haquenée blanche, ou se pencher entre les rideaux d'argent de sa litière? Ses yeux sont plus brillants que le soleil, et son visage est plus doux que la lune. Sa taille est souple et légère comme une branche de genêt fleuri ; et de tous les seigneurs qui ont demandé sa main, elle n'en a regardé aucun ! Mais cette merveille n'est plus ici, messire; depuis long-temps déjà elle a quitté sa famille et son pays.

LE PREMIER ÉCUYER.

Vous me trompez. Les ifs sont faits pour les cimetières, les roses pour les jardins, et les jeunes filles pour égayer le foyer d'un époux. Ne jetez pas le désespoir dans mon âme. Conduisez ici, par la main, celle que je désire, et nous la placerons au pied de l'autel, près de son fiancé, sous les doux regards de leurs parents.

LE SECOND ÉCUYER.

Il faut céder, messire, car vous êtes trop pressant.

Ici le représentant de Louis de Flandre passa derrière le pilier, et amenant une vieille femme devant son interlocuteur, lui adressa la question suivante :

Regardez bien cette jeune vierge, seigneur ; est-ce là la rose que vous cherchez en ce lieu ?

LE PREMIER ÉCUYER, s'inclinant avec respect.

Au front vénérable de cette femme, je juge qu'elle a bien rempli sa tâche en ce monde, et qu'elle a donné le bonheur à ceux qui l'ont aimée. Mais elle a fini ce que doit commencer l'autre ; ce n'est pas elle que je demande, messire.

Le second écuyer disparut de nouveau derrière le pilier, ramena cette fois une jeune femme dont le costume et la figure annonçaient une veuve, et le dialogue continua ainsi :

LE SECOND ÉCUYER.

Voici un jeune fille belle comme l'astre du jour. Ses deux joues sont comme deux roses ; ses yeux sont de cristal, leur seul regard rend les cœurs malades à jamais. N'est-ce point celle que vous voulez ?

LE PREMIER ÉCUYER, souriant avec courtoisie.

Oui, sans doute, ce visage doux et tendre,

cette fraîcheur de jeunesse, annonceraient une vierge ; mais ce joli doigt, usé par le frottement, n'a-t-il pas cherché souvent au fond de la bassine le lait et le gruau des enfants *?

LE SECOND ÉCUYER.

Allons, messire, rien ne vous échappe.

passant pour la troisième fois derrière le pilier, et revenant une petite fille à la main :

Dites, alors, seigneur pèlerin, n'est-ce point ceci que vous cherchez ?

LE PREMIER ÉCUYER, donnant un petit coup sur la joue de l'enfant.

Voilà ce qu'était, il y a huit ans, celle que je désire. Un jour cette belle enfant sera demandée à son tour par un fiancé ; mais

---

* Les mères de famille bretonnes donnaient alors, et donnent encore, à manger aux enfants, avec le bout de leur doigt trempé dans la bouillie.

c'est une pomme vermeille qui doit rester long-temps encore sur la branche. Celle que je veux n'attend qu'une corbeille pour être transportée sur la table du banquet nuptial.

LE SECOND ÉCUYER.

C'est assez d'épreuves, messire; vous méritez d'obtenir ce que vous demandez.

En ce moment le représentant du comte Louis alla pour la dernière fois derrière le pilier, et reparut conduisant une jeune fille entièrement vêtue comme Jeanne de Flandre.

Seigneur (dit-il au premier écuyer), voici la fiancée que votre cœur a choisie!

Puis prenant leurs mains, et les mettant l'une dans l'autre, tandis que les véritables époux s'attendrissaient devant ce touchant symbole de leur union :

Homme (poursuivit-il solennellement), vous avez maintenant une femme à défendre et à rendre heureuse! Faites qu'on ne l'entende jamais pleurer sous votre toit comme une étrangère; car le Seigneur protège et venge ceux qui sont faibles et qui pleurent!

Salut et Dieu gard' à cette famille! (reprit-il ensuite, s'adressant à Jeanne de Flandre et au comte Louis.) Depuis l'instant où j'étais tout petit, porté sur le bras de ma mère, j'ai toujours rêvé que j'entrerais un jour dans le plus brillant des palais. Enfin aujourd'hui mon rêve n'en est plus un, puisque j'ai mis le pied dans cette demeure qu'habite la reine de la beauté. Ici sont un homme et une femme qui s'aiment et qui veulent s'unir sous la main de Dieu!

Esprit saint! source de toute science et de toute parole! (ajouta-t-il en se mettant à genoux) inspire-moi donc ce que je vais leur dire, et ouvre leurs cœurs à ta voix!

Et se relevant aussitôt, tourné vers la jeune fille:

Allons, jeune fiancée, pliez vos deux genoux, baissez votre front sous la bénédiction de votre frère. — Et maintenant, redressez la tête, et soyez forte, car vous appartenez désormais à un homme !

Avant d'achever (dit-il en finissant), je prie les princes et seigneurs qui sont ici, de donner congé jusqu'à demain à leurs écuyers et serviteurs, afin qu'ils puissent célébrer dignement le mariage de Jean de Montfort et de Jeanne de Flandre. Je prie aussi les parrains et les marraines qui se sont engagés pour les époux, au jour de leur baptême, d'approuver leur union comme leurs familles et d'y assister avec elles. Je prie enfin de se joindre à eux tous ceux qui m'écoutent.

Quant à ceux qui sont morts, et qui étaient liés aux fiancés par le sang, je ne les inviterai pas, car leurs noms pourraient faire couler des larmes; mais que chacun se découvre, comme moi, et demande pour eux le salut de l'église et le repos de leurs âmes!

A ces mots, en effet, chacun se découvrit et s'inclina, et le chant funèbre du *De profundis* termina cette scène singulière.

Puis les acteurs s'effacèrent humblement devant les personnages réels, et le comte de Montfort, prenant la main de Jeanne de Flandre, entra dans l'église, suivi de tous les seigneurs, tandis que les deux battants du portail s'ouvraient, au bruit des cloches en branle, et que la multitude, pareille à un torrent qui rompt ses digues, inondait de ses flots tumultueux la grande nef de la cathédrale.

Les deux cavaliers inconnus, que nous avons laissés galopant sur la route, étaient en ce moment assez près de la ville pour entendre carillonner les cloches.

VI

Le comte de Chester.

Décorée de tous ses ornements, depuis sa base jusqu'à son faîte, la vieille église offrait un spectacle magnifique. Au pied de l'autel, étincelant de mille cierges, l'époux, en manteau de drap d'or, et l'épouse, en robe de mousseline d'argent, étaient agenouillés sous le voile nuptial, brodé d'hermine, soutenu par les mêmes seigneurs qui avaient déjà porté le dais de Jeanne. Les trois cours de Flandre, de Bretagne et de France remplissaient le chœur gothique, depuis le vieux duc de Bretagne jusqu'à la petite Jeanne de Penthièvre, et depuis le soucie u Philippe VI jusqu'au superbe comte de Flandre. Derrière eux se tenaient les seigneurs et les gens de leur suite, formant un éblouissant bariolage d'or et d'argent, de fer et d'acier, de velours et de soie, de plumes et d'étoffes aux mille couleurs. Dans la nef, enfin, s'entassait la nombreuse population de la ville, dont les têtes, pressées et confuses, formaient une sorte de pavé vivant et onduleux.

L'évêque, en chasuble et en mitre d'or, procéda à la bénédiction des époux, au milieu de tout son clergé, et la messe de mariage, entonnée par cinquante chantres, fut répondue par toutes les voix de la multitude comme par une seule voix.

Puis la cérémonie poursuivit son cours sans interruption, jusqu'au moment où l'évêque redescendit de l'autel pour prononcer les paroles qui unissent à jamais.

A ce moment, qui fut d'une solennité saisissante et terrible, un bruit se fit entendre au milieu du silence, vers la grande porte de la cathédrale, et un mouvement s'opéra de ce côté parmi les flots condensés du peuple.

Deux cavaliers, couverts de sueur et de poussière, venaient d'arriver sur le parvis de l'église, et l'un d'eux, se précipitant à bas de son cheval, s'était élancé au plus épais de la mêlée. Cet homme était le même voyageur que nos lecteurs ont déjà vu deux fois, et malgré la diligence surhumaine qu'il avait faite, il lui avait été impossible d'arriver plus tôt. Peindre, d'ailleurs, son trouble et son effroi en ce moment serait une entreprise au-dessus de nos forces. Qu'on se figure seulement un condamné à mort qui venait chercher sa grâce, et qui a la douleur d'arriver au but lorsqu'il n'est plus temps peut-être de l'obtenir.

— Où en est la cérémonie? demanda le malheureux, se débattant avec convulsion dans la foule.

— Au *Conjungo*, messire, répondit une voix, tandis que vingt autres réclamaient le silence.

Le gentilhomme fit un effort désespéré pour avancer encore; mais trouvant la presse plus compacte à chaque pas, il s'arrêta dans une perplexité horrible.

La multitude était redevenue attentive et muette, et on entendait l'évêque adresser à l'épouse la question décisive :

— Et vous, Jeanne de Flandre, de Nevers et de Rethel, prenez-vous pour époux Jean de Bretagne, comte de Montfort?

La réponse se fit attendre un instant, et ne parvint que par écho jusqu'aux derniers rangs du peuple; mais, une fois éveillé, cet écho fut électrique, et le *oui* fatal arriva de bouche en bouche à l'oreille du cavalier. Un chant d'actions de grâces, entonné en même temps par les prêtres, au bruit de tous les instruments de musique en usage à cette époque, vint lui confirmer la nouvelle irrévocable et lui enlever sa dernière espérance. Au murmure approbateur de la foule, il mêla alors un cri étouffé, auquel on ne prit pas garde, et se retirant pâle et tremblant comme un homme frappé au cœur, il alla tomber, à la porte de l'église, entre les bras de son écuyer, tandis que Jeanne, se détournant à un bruit qu'elle seule avait pu saisir entre tous les autres, se laissait aussi choir involontairement sur son siége, en proie à un pressentiment inexplicable.

La cérémonie du mariage terminée, on procéda à celle de l'accolade. On nommait ainsi la présentation solennelle à l'épouse, de la famille et des amis du marié. Un pavillon avait été dressé, à cet effet, près d'une porte latérale de l'église, où deux rangs d'archers à cheval écartaient le peuple et faisaient place aux gentilshommes. Là, tous les princes et seigneurs qui avaient composé le cortége de la veille, à commencer par le roi de France et le duc de Bretagne, vinrent embrasser, debout, la comtesse de Montfort, ou lui baiser la main, à genoux, selon le droit que leur donnait, pour l'une ou l'autre forme, leur degré de naissance ou de parenté. Il y avait long-temps déjà que durait cette cérémonie, et elle touchait à son terme, lorsque le héraut d'armes qui annonçait les gentilshommes fit retentir un nom auquel personne ne s'attendait :

— Sir Hugues de Caverley, comte de Chester !

Le cavalier, que nous n'avons plus besoin de faire reconnaître au lecteur, s'avança au même instant dans le pavillon, et Jeanne fut obligée de s'appuyer au bras de son fauteuil pour ne pas tomber à la renverse. Cependant, par le privilége qu'ont les nobles âmes, d'être d'autant plus fortes que le péril est plus grand, elle sut cacher l'affreux bouleversement de son être, au point que chacun n'y put voir que de la surprise. Le généreux Montfort, d'ailleurs, s'était précipité dans les bras de Caverley, le remerciant, avec l'amitié la plus confiante, d'être venu assister à son bonheur. Quant à Louis de Flandre, le titre de *comte de Chester* lui en avait dit assez pour le troubler profondément, et il eut besoin de l'exemple héroïque de sa sœur pour contenir sa fâcheuse émotion.

Après avoir présenté au roi de France et au duc de Bretagne l'ami qui venait le surprendre si noblement du fond de l'Angleterre, Montfort s'empressa de mettre Caverley en présence de sa femme, l'autorisant à lui donner l'accolade comme s'il eût été son parent.

— Madame, dit alors le chevalier anglais, en effleurant de ses lèvres les joues pâles de la jeune femme, sir Hugues de Caverley est arrivé trop tard d'une heure, et le comte de Chester n'a plus qu'une grâce à demander à la comtesse de Montfort : c'est un moment d'entretien particulier, qu'elle ne lui refusera pas.

— Demain, monseigneur, balbutia Jeanne d'une voix défaillante.

Et elle reprit, avec son mari et sa suite, le chemin de l'Hôtel-de-Ville, tandis que les hérauts de Bretagne et de Flandre jetaient de l'argent au peuple en criant : Largesse ! et que la multitude répétait sur son passage :

— Noël à la comtesse Jeanne de Montfort !

VII

Toujours. — Jamais.

C'était un usage sacré à cette époque, dans toute la France, que le lendemain de leur mariage les épousés passaient une partie de la matinée en prière, seuls et enfermés dans leur oratoire. Ce pieux privilége fut accordé à Jeanne le matin du 13 mai, et ce fut ce moment qu'elle choisit pour voir le comte de Chester, avant de prendre avec son mari le chemin de la Bretagne. Marcy introduisit Caverley dans l'oratoire de la comtesse, entre neuf et dix heures, et, quoique la jeune femme fût aussi sûre du chevalier que d'elle-même, elle exigea que la chambrière fût témoin de l'entrevue. Caverley avait des intentions trop pures pour se refuser à cette mesure de haute convenance, et il avait le cœur trop plein de ce qu'il voulait dire pour en éprouver, d'ailleurs, le moindre embarras.

En paraissant devant Jeanne, il resta d'abord muet et les mains jointes, et la comtesse profita de ce moment pour réunir tout son courage.

— Mariée ! s'écria enfin sir Hugues, en la regardant des pieds à la tête comme un fantôme.

La plainte et le reproche se pressaient

dans son âme, et il ne savait auquel donner d'abord issue.

— Oui, mariée, messire, répondit Jeanne avec effort, et par conséquent à jamais séparée de vous.

Étouffant les mouvements de son cœur pour écouter les conseils de la raison, elle avait hâte d'établir ainsi leur devoir réciproque ; mais Caverley ne remarqua point cette précaution.

— Oh! reprit-il énergiquement, comment cela s'est-il fait, madame? comment cela s'est-il fait?

— Vous me demandez ma justification? dit la jeune femme; je vais vous la donner, messire, si vous voulez m'entendre avec indulgence.

— Avec indulgence! Ah! oui, car vous êtes coupable de mon malheur, sinon du vôtre...

— Votre malheur suffit pour me rendre malheureuse, et la fatalité est plus coupable que vous et moi.

— Vous dites la fatalité, Jeanne? Vous ne m'avez donc pas trahi, et vous m'aimez toujours!

— Je vous aimais encore hier, Caverley, et c'est d'aujourd'hui seulement que je ne vous aime plus.

— Mon Dieu! mon Dieu! dit le chevalier avec désespoir.

Parlez donc, madame, parlez! ajouta-t-il en voyant la comtesse détourner la tête.

— Je vous le répète, sir Hugues, je vous aimais hier encore, à cette heure, et malgré tous mes efforts pour vous oublier.

— Pour m'oublier!

— Écoutez-moi. Malgré tous mes efforts, dis-je, je vous aimais comme au jour de votre départ de Gand...

— Heureux jour ! le dernier de ma vie !

— Jour funeste ! et départ fatal, messire ! origine de tous vos maux et de tous les miens ! Pendant les premiers mois de votre absence, j'attendis patiemment votre retour. Bientôt, ne vous voyant pas revenir, j'espérai du moins recevoir de vos nouvelles. Elles n'arrivèrent pas plus que vous-même, hélas ! et ma conscience joignit ses reproches à ceux de mon frère...

— Votre conscience ! votre frère !

— N'accusez ni lui ni elle, sir Hugues ! Mon frère avait raison de se plaindre de vous, et ma conscience pouvait me blâmer à tant de titres ! Nous avions trompé Montfort, messire ! nous l'avions trompé, moi, vous et mon frère ; nous nous étions mis trois parjures contre un homme de foi ! La Providence réservait à chacun de nous son châtiment, et ce fut moi qui subis le mien la première. N'entendant pas plus parler de vous que si vous n'eussiez point existé, je tremblai d'abord, en effet, que vous ne fussiez mort...

— Plût au ciel !

— Et Dieu m'est témoin que je vous pleurai avec des larmes aussi sincères qu'abondantes.

— Hélas ! c'était à moi de vous pleurer ! Malheureux !

— J'osai même songer à demeurer fidèle à votre mémoire, et, me regardant en quelque sorte comme votre veuve, je priai le comte Louis de redemander ma parole à Montfort... Mais ce fut alors que mon frère me fit entendre les conseils de la sagesse.

— De la folie, madame !

— De la sagesse, Caverley. Que ce mot ne vous offense point dans ma bouche, car je ne manquai pas, comme vous, de traiter cette sagesse de folie.

— Eh bien?

— Eh bien, ce ne fut pas la voix du comte Louis qui vous condamna, ce fut la voix de mon propre cœur jaloux et outragé.

— Outragé! grand Dieu!

— Laissez-moi achever, messire! Nous nous sommes crus mutuellement coupables, nous nous justifierons chacun à notre tour.

— Poursuivez, madame; je vous écoute.

— Je vous jugeai donc infidèle, Caverley! Et, mettez-vous à ma place, n'en avais-je pas le droit? Onze mois sans me donner signe de vie, quand vous n'aviez qu'un délai d'un an pour reparaître avant mon mariage! Si la mort vous eût frappé, votre dernière pensée n'eût-elle pas été pour moi, et n'aurais-je pas su trop tôt, pour mon malheur, que nous étions à jamais séparés! Mais comment m'expliquer autrement votre inexplicable silence, si ce n'était par une infidélité secrète, intéressée à le prolonger jusqu'à l'oubli! C'est ce que je fis, hélas! comme vous eussiez fait; et ce fut par vengeance, et non point par raison, que je me laissai amener au comte de Montfort. Oui, je vous l'avoue, sir Hugues, je suis venue ici par vengeance; mais ce n'est point par ce sentiment là cependant, je dois vous l'avouer aussi, que j'ai donné hier ma main à l'homme à qui je l'avais promise.

— Est-ce donc par amour? s'écria Caverley, effrayé de la gravité imposante que prenait la parole de la comtesse.

—Écoutez-moi jusqu'au bout, continuat-elle avec une fermeté sublime. C'est pour vous dire ce qu'il vous reste à entendre que je vous ai accordé cet entretien suprême. Hier, à pareille heure, je ne connaissais point encore mon fiancé, et vous allez mesurer toute l'étendue de ce que vous appelez ma faute, en apprenant de quelle façon Montfort s'est révélé à moi. Il est entré ici où vous êtes, ému et tremblant comme vous voilà. Alarmé par la tristesse que je lui avais montrée la veille, et par mon évanouissement à la porte de la cathédrale, tourmenté de la crainte de n'être pas aimé, et surtout de devenir l'instrument de mon infortune, il m'a déclaré que mon cœur seul devait enchaîner ma main, qu'il n'entendait pas m'épouser par ordre, et que j'étais libre jusqu'au dernier moment.

—Juste ciel! dit le chevalier; et vous n'avez pas repris cette liberté qu'il vous rendait! et vous n'avez pas demandé seulement un délai de quelques jours! et vous osez me dire à moi que vous m'aimiez encore!

— Pour la dernière fois, Caverley, je vous

aimais encore, je vous aimais, même en vous croyant lâche et traître, et cela est si vrai que ma première pensée fut de prendre le comte au mot.

— Et vous ne l'avez pas fait! s'écria sir Hugues en levant les deux bras; et j'étais alors à dix lieues de Chartres, accourant à vous!

— Si vous aviez été dans cette chambre, messire, et que vous eussiez vu et entendu Montfort comme moi, comme moi son héroïsme vous eût subjugué jusqu'à l'admiration, son dévouement vous eût attendri jusqu'aux larmes; comme moi, vous eussiez oublié à votre tour celui dont vous vous fussiez cru oublié vous-même; comme moi, enfin, vous eussiez profité de la liberté qui vous était offerte, en rendant amour pour amour à celui qui vous en eût semblé le plus digne.

— Ah! soupira amèrement le chevalier, vous l'aimez donc? vous l'aimez, et vous me le dites, madame! Alors, reprit-il en tordant son chaperon sous ses doigts convulsifs, tandis que Jeanne demeurait immobile et pâle, sans lever les yeux, alors il est inutile de prolonger cet entretien, et je n'ai plus qu'à vous quitter, madame la comtesse de Montfort.

— Me quitter! dit vivement la jeune femme. Mais vous ne vous êtes pas justifié encore, Caverley, et vous me devez aussi une justification...

En prononçant ces paroles, la voix de Jeanne avait changé; de fière et grave qu'elle venait d'être, elle était redevenue presque tendre; elle jeta, d'ailleurs, à sir Hugues un regard si timide, elle le retint par un geste si doux et si tremblant, que, frappé de ce contraste inattendu, il se retourna vers elle comme un mourant rappelé à la vie.

— Vous voulez que je me justifie! dit-il en la considérant d'un air étonné. Vous tenez donc toujours à mon amour, Jeanne? ajouta-t-il avec un éclat de folle espérance.

La comtesse eut besoin de toute sa résolution pour refouler une larme prête à jaillir, et, incapable de prononcer un mot sans trahir son émotion, d'une main elle réprima le ravissement du chevalier, de l'autre elle lui fit signe qu'elle l'écoutait.

— Ma justification ne sera pas longue, reprit-il avec empressement, et c'est à moi qu'il est permis de s'armer de cette fatalité que vous réclamez pour vous. — Parti de Gand, l'espoir dans l'âme, j'arrivai à Londres en peu de jours. Là, je courus me jeter aux pieds du roi Edouard, et je lui demandai le titre qu'exigeait votre frère...

— Vous avez l'occasion de le mériter, me dit-il; j'envoie aujourd'hui même les comtes de Northampton et de Suffolk en Écosse, avec une armée chargée de châtier des tributaires rebelles. Je vous donne mille lances dans cette armée; conduisez-les à la victoire, et revenez triomphant; vous aurez alors le comté de Chester, dont l'investiture est vacante.

Vous jugez si j'eus hâte d'accepter cette proposition. Il fallait, d'ailleurs, se mettre en route à l'instant même, et je n'eus ni le temps ni les moyens de vous annoncer ce que je faisais pour vous. Je partis, sans autre équipage que mon cheval et mes armes, mais le cœur plein d'un courage et d'une espérance qui pouvaient suppléer à tout. Je croyais, avant d'entrer en Écosse, trouver une occasion facile de vous envoyer un message. Je me trompais, et je m'aperçus trop tard que la chose était impossible. Je me consolai en me promettant un prompt retour; mais, hélas! je me trompais encore plus cruellement. Une fois engagé dans une guerre d'escarmouches parmi les montagnes, je vis bientôt que cette guerre serait aussi longue que difficile, et je ne m'étourdis sur mes craintes qu'en affrontant les périls. Ah! si chacun de nos chefs avait eu la même ardeur et le même dévouement que moi, toute l'armée eût fait des miracles, et la fatale expédition eût fini plus tôt! Je ne manquai pas l'occasion d'un exploit ou d'une victoire; tout ce qui semblait impossible me fut confié, et j'en vins à bout; mon nom se répandit chez les rebelles comme un symbole de terreur et de mort; je reçus en une seule bataille, à la tête et à la poitrine, plus de vingt blessures, dont voici la moindre...

Caverley montra, sous ses cheveux, une

longue cicatrice, s'étendant depuis le sommet du crâne jusqu'à la naissance du front.

— Enfin, poursuivit-il, si je ne pus hâter le terme de l'expédition, j'assurai du moins mes titres à la faveur du roi, et je gagnai incontestablement le comté de Chester.

Cependant huit mois s'étaient écoulés, et je commençais à craindre de ne pouvoir quitter l'Écosse; je priai le comte de Suffolk de me rendre libre, il me répondit que je lui étais indispensable. Le comte de Northampton ne m'écouta pas davantage, et pour partir il eût fallu déserter. — J'avais près de moi un écuyer aussi fidèle que brave; je lui donnai mission de vous porter de mes nouvelles.

— Va, lui dis-je, traverse les montagnes et les camps ennemis; emploie, pour quitter ce pays fatal, la violence et la ruse; répands l'or, et prodigue ton sang sur la route ; mais arrive ! arrive à Londres ! de Londres cours à Gand, et remets cette lettre à Jeanne de Flandre et à son frère... Le malheureux me dit adieu un soir, et fut tué le lendemain matin par un gros de rebelles. — Je ne sus ce malheur qu'après un mois d'attente et d'espoir, et je me sentis pris de vertiges en voyant arriver l'époque de votre mariage. Ah ! le désespoir fait aussi des prodiges, madame, et le mien m'eût sauvé si j'avais pu l'être ! Dans un engagement général entre nos troupes et les Écossais, je jetai parmi ceux-ci une telle épouvante et un tel désordre, je multipliai la mort dans leurs rangs avec une fureur si acharnée, j'abattis de ma main un si grand nombre de leurs chefs et de leurs soldats, que j'eus le bonheur de déterminer leur déroute complète et d'assurer aux nôtres une victoire décisive.

Les rebelles se soumirent le lendemain, et je revins à Londres porté en triomphe; triomphe dont la joie fut mêlée de bien des inquiétudes, car je tremblais déjà d'arriver trop tard, et de noirs pressentiments me traversaient l'âme. Le roi Édouard me reçut à bras ouverts, et me récompensa devant sa cour et son peuple. Non seulement j'obtins l'investiture solennelle du comté de Chester, mais le grand cordon d'un ordre royal décora ma poitrine. Tout le monde me fêtait, et m'enviait tant d'honneurs; moi, je n'enviais qu'une chose, c'était de mettre ces honneurs à vos pieds. Le délai que vous m'aviez accordé me laissait encore trois semaines; à moins de nouveaux accidents, je n'étais pas en retard. Ces accidents m'attendaient sur la route de Flandre, et il était décidé que rien ne manquerait à mon malheur. D'abord la tempête et les vents contraires me retinrent dix jours dans la Manche. Ensuite un mauvais génie sembla se faire un jeu d'égarer mes pas et d'abattre mes chevaux sous moi. Enfin, j'arrivai à Gand six jours après votre départ!... Ah! vous m'avez parlé de vos tourments et de vos angoisses, Jeanne! Figurez-vous donc mon supplice, à moi, pendant cette horrible course de Gand à Chartres! Épuisant un cheval, d'une ville à l'autre, et suivi d'un seul écuyer, j'ai galopé pendant deux jours et deux nuits, ne m'arrêtant que pour m'informer de votre passage, tremblant à chaque réponse qu'on me faisait, comme à une sentence de vie ou de mort, demandant un peu d'espérance aux traces laissées derrière vous par votre cortége; et tout cela pour venir tomber, haletant, à la porte de la cathédrale de Chartres! pour vous voir et vous entendre jurer votre foi au comte de

Montfort ! Jeanne ! Jeanne ! comment n'avez-vous pas prévu que j'arriverais mort, ou vivant, pour empêcher ce mariage ? Comment une voix ne vous a-t-elle pas crié, tout le long de cette route, que je vous suivais et que j'allais apparaître ? Comment n'avez-vous pas senti hier, en prononçant le mot fatal, que j'étais là, derrière vous, perdu dans la foule, et que ce mot allait m'arracher l'âme ? Comment n'avez-vous pas obtenu, enfin, un jour, une heure, un moment de répit ?...

Dire toutes les émotions de la jeune femme pendant ce récit, serait une chose trop difficile pour nous. La rougeur de la honte et la pâleur du remords, le sourire amer de l'ironie et les larmes de la douleur, s'étaient succédé sur sa figure, miroir fidèle de son cœur bouleversé. Quand sir Hugues eut achevé, il lui fut impossible de soutenir sa vue, et elle se laissa tomber sur un fauteuil, en cachant son visage dans ses deux mains.

— Eh bien! madame, reprit alors le chevalier, me croyez-vous coupable encore, ou m'avez-vous pardonné mon crime?

— C'est à vous de me pardonner, messire! répondit Jeanne d'une voix étouffée.

Et, les pleurs qu'elle contenait en vain s'échappant malgré elle de ses yeux, elle finit par les laisser couler avec tant d'abondance, que ses joues et ses mains en furent inondées...

Puis, ce dernier tribut payé à la faiblesse de la jeune fille, la femme se releva dans toute la force et toute la dignité de son devoir.

— Caverley, dit-elle d'un ton raffermi, quel que soit notre faute ou notre malheur, ce qui est fait est fait, et je suis maintenant Jeanne de Montfort! Si vous m'aimez encore, vous ne devez plus me revoir ; et il faut que cette entrevue soit la dernière, pour que je ne me repente pas de vous l'avoir accordée.

— La dernière? s'écria sir Hugues.

— La dernière ! répéta Jeanne ; vous le sentez comme moi... Écoutez ce bruit, reprit-elle en indiquant une fenêtre de l'hôtel ; le cortége qui va me conduire en Bretagne s'assemble dans cette cour. Dans une demi-heure nous partirons tous deux, moi, de ce côté, pour Nantes, vous, de celui-ci, pour Londres!

Caverley observa quelque temps la comtesse en silence, et s'écria avec désespoir :

— C'est impossible !

Jeanne devint extrêmement pâle, et regarda vivement autour d'elle : des pas s'étaient fait entendre, aux approches de l'oratoire, et Marcy s'était levée pour aller voir à la porte...

— Montfort vient me chercher, dit la comtesse ; jurez-moi, messire, que vous ne me suivrez pas en Bretagne.

Elle parla cette fois avec tant d'autorité, que le chevalier répondit :

— Je le jure.

— Adieu donc, Caverley ! reprit alors la jeune femme en lui tendant la main.

— Adieu, Jeanne ! dit sir Hugues en y imprimant ses lèvres.

Marcy vint annoncer que le comte de Montfort entrait dans la chambre, et le chevalier sortit avec elle par la porte de l'oratoire.

Une demi-heure après, le duc de Bretagne et toute sa suite montaient à cheval, dans la cour de l'Hôtel-de-Ville, et les gentilshommes français et flamands prenaient congé de Jeanne de Montfort. — Le comte fut très surpris de voir Caverley parmi ceux qui restaient, et courut à lui avec un empressement tout amical.

— Eh bien! chevalier, lui dit-il, vous ne nous accompagnez pas?

— Non, répondit sir Hugues; je dois retourner en Angleterre. Je vous ai vu et je vous quitte heureux, cela suffit à mon propre bonheur.

— Ce n'est pas pour toujours, du moins? demanda Montfort à demi-voix.

— J'en ai bien peur! repartit le chevalier.

— Et moi je ne le crains pas, si vous m'êtes dévoué! reprit le comte. — Et il poursuivit, en prenant sir Hugues à l'écart:

— Nous nous reverrons quand ce vieillard sera mort! (il indiquait le duc Jean III); j'aurai alors besoin de tous mes amis, pour empêcher la Bretagne de tomber en quenouille; car j'ai caché une couronne de duchesse dans l'*energuep* * de ma femme, et je compte sur vous, au premier signal, pour venir m'aider à la lui mettre sur la tête !

— Comptez-y et appelez-moi ! répondit vivement Caverley ; mon sang et mon épée seront toujours au service de Jean de Montfort !

Tous deux se serrèrent la main en signe d'engagement, et le chevalier s'avança vers la litière de la comtesse.

— Je vous obéis, madame, lui dit-il tout bas ; mais rappelez-vous, Jeanne, que je vous adorerai toujours !

* Cadeau de noces.

— Vous êtes un loyal gentilhomme, Caverley, répliqua la jeune femme; mais souvenez-vous bien, messire, que je ne vous aimerai jamais!

JEANNE DE MONTFORT.

Deuxième partie.

LA FEMME.

VIII

Histoire de dix années.

En voyant se passer à Chartres les premières scènes d'un drame qui doit être breton avant tout, le lecteur a compris, nous l'espérons, que ces scènes étaient un prologue indispensable, et que ce serait seulement en mettant le pied sur le sol de Bretagne, que nous entrerions avec lui dans notre véritable sujet. Ce terrain neutre de la ville de Chartres, et ces particularités du mariage de Jean de Montfort, nous offraient d'ailleurs une exposition trop naturelle, pour que nous n'en profitassions pas avec empressement, et l'on verra, en effet, si l'on veut bien nous suivre jusqu'au bout, que tous les événements dont nous avons à faire le récit se trouvent en germe dans ceux qu'on vient de lire; en d'autres termes, que la vie entière de Jeanne de Montfort dérive du mariage de Jeanne de Flandre.

Mais, comme nous ne reprendrons cette vie de Jeanne de Montfort que dix ans après ce mariage de Jeanne de Flandre, nous devons au lecteur l'histoire de ces dix années d'intermède; pour achever de le mettre au courant des faits, des hommes, des choses et des lieux. C'est ce que nous allons faire le plus brièvement et le plus rapidement possible, sans craindre toutefois d'ennuyer, car ici l'histoire équivaut au roman.

Ainsi que les bourgeois de Chartres l'avaient remarqué, le duc de Bretagne voulait laisser son héritage à sa nièce Jeanne de Penthièvre. Outre son aversion naturelle et avouée pour le comte de Montfort, en sa qualité de demi-frère issu d'un second lit, il le détestait secrètement de toute la haine qu'il avait portée à sa mère, dont il avait essayé de faire casser le mariage avec le duc Arthur II. Il était encore exaspéré contre ce collatéral par les malheurs multipliés de sa propre famille. En peu d'années, en effet, cette famille avait été décimée par la mort, comme si le destin eût résolu, à tout prix, de frayer à Montfort la route du trône. D'abord, les trois femmes de Jean III n'existaient plus, et pas une ne lui avait laissé d'enfant; ensuite, son premier frère, Pierre de Bretagne, était mort également sans postérité ; enfin, son second frère, Guy de Penthièvre, avait suivi les autres, et la fille de ce dernier survivait seule à tant de désastres domestiques. On conçoit l'amour du bon duc pour cette enfant, frêle et dernier rejeton de toute sa race ; mais, combiné avec sa haine aveugle contre Jean de Montfort, cet amour excessif rendit le vieillard injuste. Ses persécutions acharnées contre la mère du comte furent le premier acte de cette injustice ; le second fut l'abandon complet de Montfort lui-même, qui n'eut pendant long-temps pour tout bien que la terre et seigneurie de Guérande. La petitesse même de cette position fit d'autant plus sentir à celui-ci qu'il était né pour les grandes choses, et ses partisans, complices de son ambition, lui persuadèrent facilement qu'il devait hériter de Jean III.

La question, d'ailleurs, comme on a vu, était fort délicate à résoudre, et en voyant la moitié de la Bretagne pencher pour lui, Montfort devait naturellement trouver son droit incontestable. Assuré de ce droit et du dévouement de ses amis, il ne dit rien toutefois et laissa agir le vieux duc.

Après avoir hésité long-temps et péniblement sur les moyens de garantir la succession de sa nièce, Jean III commença par une ruse digne de sa faiblesse en appelant à Nantes quelques partisans secrets et puissants de Montfort, le baron de Spinefort, par exemple. Il leur fit jurer fidélité à son futur successeur, sans le nommer, leur laissant croire que ce successeur serait le comte ; puis, par un démenti soudain à cette concession tacite, il assembla les États de Bretagne, en l'année 1334, et leur fit ratifier d'avance l'article de son testament, qui déclarait Jeanne de Penthièvre son héritière. Les mêmes États, sur sa proposition, désignèrent, pour époux de Jeanne, le jeune Charles de Blois, neveu du roi de France, dont nous avons déjà indiqué les prétentions, représentées par son frère aîné. Pour un vieillard sans esprit et sans caracrère, cette mesure était assez habilement combinée, et l'arrêt des États, qu'il fût juste ou non, eût découragé tout autre homme que Jean de Montfort. Fidèle à son système de silence et d'attente, il se laissa dépouiller sans élever une seule plainte; il assista même à l'assemblée qui prononçait sa disgrâce, et laissa ses ennemis célébrer leur facile victoire. Jean III en fit solennellement informer le roi de France, par une députation des principaux seigneurs de sa cour, et Philippe VI ne put cacher sa joie ambitieuse, de voir un de ses neveux devenir duc de Bretagne. C'était presque le devenir lui-même, en effet, et il se figurait déjà ce beau duché réuni à la France! Aussi se déclara-t-il tout d'abord le protecteur de Charles de Blois, et lui donna-t-il bientôt pour défenseurs les plus braves gentilshommes de sa cour. Il le fit venir à Paris, et le créa chevalier de sa propre main; puis il lui forma, pour aller le marier à Jeanne de Penthièvre, un cortége des plus puissants princes de toutes les familles souveraines de l'Europe. Les fêtes de ce mariage, qui fut célébré doublement à Rennes et à Nantes, en 1338, surpassèrent, par leur éclat et leur magnificence, tout ce que le luxe et la flatterie avaient inventé jusque là! De Français qu'il était, le comte de Blois se fit Breton; il adopta sur ses armes les hermines pleines, et remplaça, dans la bouche de ses hérauts, le cri de *largesse!*

largesse! par celui de *Bretagne! Bretagne à toujours!* Pour que rien ne manquât au titre du futur duc, il fut convenu qu'il succéderait à celui de sa femme, s'il avait le malheur de la perdre. A ses possessions, déjà fort étendues, on en ajouta d'autres, dont sa famille fit les frais. Jean III manda près de lui les seigneurs, les barons, les grands vassaux, les gentilshommes, les chevaliers, les chefs du peuple, les hommes de loi, les membres du clergé de Bretagne, auxquels il n'avait pas encore fait prendre d'engagement, et leur fit jurer entre ses mains de reconnaître Charles de Blois, à sa mort, et de lui faire serment et hommage comme à lui-même. Rien ne fut oublié enfin pour assurer l'élévation de Jeanne de Penthièvre et la déchéance de Jean de Montfort, si ce n'est qu'on avait compté, pour l'une et pour l'autre, sans Jean de Montfort lui-même, et que le sceau de Dieu manquait à la charte où étaient consignés tous ces projets téméraires.

—Jeanne, dit le comte à sa femme en revenant de Rennes, mon frère vient de m'enlever mon héritage légitime, à la face de toute la France ; mais je jure Dieu que, le lendemain de sa mort, j'irai reprendre mon bien sur la pierre de son tombeau, et que les escarboucles de la couronne de Bretagne ne reluiront jamais que sur mon front et sur le tien. Dis-moi donc si tu te sens au cœur assez de courage pour m'aider à te faire duchesse !

Pour toute réponse, disent les chroniqueurs, Jeanne *sauta au cou* de son mari, en femme digne de le comprendre, et *elle l'embrassa bravement et à grand'chère;* après quoi tous deux attendirent les événements.

Jean III mourut le 30 avril 1341, et la paix de l'Europe descendit avec lui dans son tombeau. A peine Charles de Blois et Jeanne de Penthièvre avaient-ils rendu les derniers honneurs à leur oncle, en l'église de Ploërmel, que le comte de Montfort, grandissant de toute la hauteur de son projet, se déclara duc de Bretagne et se présenta à Nantes. Devant cette héroïque et noble figure, qui sortait ainsi de l'ombre avec une soudaineté prestigieuse, les Nantais furent pris d'un enthousiasme impossible à décrire, et reçurent leur nouveau duc en triomphateur. Un tel succès, à son premier pas, sembla décider la destinée de Montfort. Instruit que Jean III avait déposé le trésor de l'État à Limoges, dont le vicomté faisait partie de ses possessions, il courut à cette ville, où il fut accueilli comme à Nantes, et se fit remettre les sommes considérables qui reposaient dans les tours. Partout où il passa ainsi, sa vue exerça la même influence sur les habitants, et sa cause était devenue populaire dans toute la Bretagne, avant même qu'il eût réuni une armée pour la défendre. Les seigneurs seuls, engagés par leur serment à Jean III, ou retenus par la crainte du roi de France, hésitaient à se déclarer en faveur du comte, ou attendaient une occasion de se décider pour son rival. Malheureusement pour celui-ci, il ne leur offrait point cette occasion, et frappé de la même stupeur que tous ses partisans, il restait dans une inaction extraordinaire. Philippe de Valois lui-même, surpris et inquiet, ne savait quel parti prendre, et la France et la Bretagne se tenaient dans une immobilité silencieuse, suivant d'un œil ravi ou effrayé le jeune conquérant qui venait de leur apparaître, et se demandant l'une à l'autre où il s'arrêterait, sans songer seulement à ralentir sa course.

Montfort profita de cette indécision pour s'emparer de toutes les places fortes de la Bretagne. Il enleva la ville et châtellenie de Brest au brave gouverneur Garnier de Clisson; de Brest, il dirigea sur Rennes son armée, grossie à chaque pas, et entra, après un sanglant assaut, dans cette capitale de son duché. Hennebond, Vannes, Auray, la Joyeuse-Garde, Carhaix, Guérande et le Guildo suivirent l'exemple de Brest et de Rennes; et ce fut dans cette dernière forteresse, au bord de la mer, que le comte remit son épée victorieuse au fourreau, et qu'il réfléchit sur son étrange destinée.

Jusque là tout lui avait réussi à merveille, et par le fait comme par le droit, il était duc de Bretagne. Mais cette fortune étonnante serait-elle aussi durable que rapide? et ne suffirait-il pas d'un revers pour désenchanter sa cause, pour renverser cet édifice de conquêtes, élevé avec une promptitude fantastique? L'étoile qui semblait le guider, il est vrai, n'avait pas encore pâli un seul instant; mais c'est que l'orage qui pouvait l'éclipser un jour n'avait pas eu le temps de s'élever à l'horizon. Cet orage, lorsqu'il éclaterait, serait d'autant plus terrible qu'il se serait formé plus lentement; car de combien d'éléments funestes ne se grossirait-il pas, depuis les déceptions de Charles de Blois jusqu'à l'ambition froissée de Philippe de France! Ce monarque, surtout, se vengerait d'une façon formidable, et mettrait la Bretagne à feu et à sang, plutôt que de la laisser au rival de son neveu !

Montfort, esprit aussi sage qu'intrépide, prévit donc un désastre imminent et inévitable, s'il restait isolé contre les ennemis de sa fortune, et il se demanda quel serait le meilleur moyen de prévenir à la fois sa ruine et celle du duché. Attendre, avec des partisans irrésolus, les forces imposantes qui ne tarderaient pas à fondre sur lui, c'eût été se bercer d'un rêve chimérique et insensé, dont le meilleur dénouement ne pouvait être qu'une mort glorieuse. Il fallait opposer à la puissance de Philippe de Valois un contre-poids assez fort pour la balancer, et il n'y avait qu'un second prince en Europe qui offrît cette chance; ce prince était le roi d'Angleterre, Édouard III. Montfort savait les prétentions d'Édouard à la couronne de France, et dire qu'il ne songea point à les exploiter à son profit serait méconnaître l'égoïsme des ambitions les plus honorables; il est plus simple de convenir que ce noble esprit s'abusa sur la portée de sa démarche. Il crut qu'il suffirait de mettre le roi d'Angleterre en face du roi de France, pour amener la neutralité de l'un et de l'autre, et isoler le comte de Blois et lui-même; il ne se douta pas que les deux monarques, rivaux plus acharnés qu'ils ne semblaient l'être, profiteraient d'une querelle particulière à propos d'un simple duché, pour engager une guerre générale qui embraserait toute l'Europe. Sans justifier donc Jean de Montfort de toute imprudence, il faut craindre d'aggraver la responsabilité de sa mémoire, et laisser, d'ailleurs, à la fatalité qui préside aux choses d'ici-bas la grande et déplorable part qu'elle se fit dans les sanglantes catastrophes de cette époque.

Montfort passa du Guildo en Angleterre, et alla trouver le roi Édouard à Windsor. Il lui exposa ses droits et l'état de ses affaires, et lui demanda sa protection contre

Philippe de Valois. Édouard embrassa la cause du comte, comme si elle eût été identique à la sienne*, et s'engagea à l'appuyer de troupes et d'argent, dès que Philippe inter-

* La contradiction d'Édouard avec lui-même, en cette circonstance, mérite d'être observée comme exemple des égarements de l'ambition. Ce prince, en appuyant le titre de Montfort au duché de Bretagne, soutenait une thèse diamétralement opposée, en principe, à celle qu'il essayait de faire prévaloir pour réclamer la couronne de France. En effet, Edouard III, arrière-petit-fils de Philippe-le-Hardi, par sa mère Isabelle, fille de Philippe-le-Bel, prétendait que les femmes devaient, en dépit de la loi salique, arriver au trône de France à leur tour d'hérédité, à l'exclusion des héritiers mâles de la branche cadette; tandis que Jean de Montfort, au contraire, soutenait. contre Jeanne de Penthièvre, qu'il fallait adopter les héritiers mâles de la branche cadette, au détriment des femmes de la branche aînée. Edouard se chargeait donc de faire valoir, en faveur de Montfort, les mêmes arguments qu'il combattait pour son propre compte, et réciproquement : affirmant, par exemple, d'une part, que sa mère lui avait transmis un droit dont elle n'avait pas eu la jouissance, et prouvant, de l'autre, que Jeanne de Penthièvre ne pouvait hériter d'un duché qui n'avait pu appartenir à son père. Ce qui prouve qu'au xiv° siècle l'épée était la meilleure raison des rois, comme le canon en devint plus tard la dernière.

viendrait contre lui. Des sûretés furent échangées en conséquence, et Montfort revint en Bretagne avec une sécurité qui ne devait pas être longue.

La première nouvelle qu'il apprit, à son retour, fut sa citation à comparaître devant le roi de France et les pairs du royaume. Là, disait-on, ses droits et ceux de son rival seraient de nouveau débattus; et justice serait faite à chacun, sans considération du passé. Si cette promesse d'impartialité eût été sincère, Montfort eût pu s'en rapporter aux États de France pour casser l'arrêt des États de Bretagne; mais il comprit facilement qu'il s'agissait de le disgracier à Paris comme à Rennes; et après avoir paru momentanément, pour la forme, devant Philippe VI, il se laissa condamner par défaut à Conflans*.

* On peut voir cet arrêt de Conflans, qui est une des

Ce fut alors que, fiers d'un coup d'État facile, le roi de France et le comte de Blois s'armèrent enfin, et que s'ouvrit, devant l'Europe attentive et tremblante, un des spectacles les plus magnifiques et les plus douloureux qui aient jamais été donnés au monde. Il ne s'agissait, au fond, que d'une province disputée par deux princes ; mais quelles circonstances et quelles complications venaient agrandir cette simple querelle ! D'abord, les concurrents avaient de tels rapports entre eux, qu'ils semblaient choisis sur mille et comme assortis pour la lice. Tous deux, à la fleur de l'âge, doués de cette mâle beauté qui distinguait la chevalerie d'alors, également braves, ardents, généreux, décidés, chacun pour sa part, à vaincre ou à mourir ; tous deux ce-

plus curieuses pièces de ce grand procès, dans la collection *in-folio* des *Actes de Bretagne*, tom. Ier, col. 1421.

pendant marchant à leur but par des voies opposées : Charles de Blois, par la sévérité, les mortifications et la prière, comme les célèbres croisés des siècles précédents ; Jean de Montfort, par la douceur, l'éloquence et l'habileté, comme ces esprits précurseurs qui devancent naturellement leur époque. Quelles que fussent les prétentions de l'un et de l'autre, la cause de chacun était noble et sacrée. Le premier défendait le titre d'une enfant dont il s'était fait le champion à la face de Dieu ; le second soutenait la vieille indépendance de la Bretagne, dont il était le seul et dernier représentant. Au bras de celui-là, s'attachait une jeune femme pâle et tremblante, image tristement fidèle de la faiblesse de son droit ; à la droite de celui-ci, se dressait une femme forte et magnanime, symbole superbe et imposant de la puissante nationalité de son parti. Ils avaient, d'ailleurs, le même écusson, les mêmes armes, la même devise; ils portaient en même temps les hermines sur le velours de leur manteau, et ils s'attaquaient sous les mêmes enseignes, en proférant le même cri de guerre, suivis de soldats d'une même nation, ayant la même langue et le même costume. On verra enfin que cette étrange conformité ne s'arrêta pas encore là, et qu'elle se fit remarquer plus tard jusque dans les vicissitudes de leurs destinées.

Mais c'est surtout en regardant derrière eux que le point de vue grandissait. Ici, un suzerain puissant et ambitieux, les yeux fixés sur la Bretagne comme sur une proie; là, un prince étranger et formidable, portant les siens jusqu'au trône de France: d'une part, la figure sombre et hautaine de Philippe de Valois; de l'autre, la figure galante et inquiète d'Édouard d'Angleterre! Puis, des deux côtés, toute la noblesse de France et de Bretagne, c'est-à-dire la première noblesse du monde, toute cette admirable chevalerie, fille des Roland et des Mériadec, que le canon allait balayer de son souffle destructeur. Enfin, cette grande question pour le vieux royaume de Couan, d'être ou de n'être plus une nation, soit que la défaite de Jean de Montfort le livrât à l'oncle de Charles de Blois, soit que la défaite de Charles de Blois le soumît au protecteur de Jean de Montfort.

« Beau neveu, dit Philippe VI au mari
» de Jeanne de Penthièvre, après le jugement
» des pairs à Conflans, vous avez pour vous
» arrêt de bel et grand héritage. Or, hâtez-
» vous, et prenez peine à le conquérir sur
» celui qui le tient à tort. Priez vos amis
» qu'ils veuillent vous aider en ce besoin;
» quant à moi, je ne vous y fauldray mie (je

» ne vous manquerai pas en cela), car je
» vous prêteray de mon or et de mes troupes
» assez, et diray à mon fils, le duc de
» Normandie, qu'il se fasse chef avec
» vous *. »

Le duc de Normandie, en effet, depuis Jean II, alors fils de France, prit avec Charles de Blois le commandement de son armée. Les plus grands personnages de la cour de France, le comte d'Alençon, frère du roi, le comte d'Eu, connétable du royaume, le comte de Châtillon, le duc de Bourbon, le duc d'Athènes, et vingt autres, s'enrôlèrent sous les enseignes du jeune prétendant, et réunirent à Angers une armée de dix mille hommes. Trois mille Génois, commandés par Othon Daria et Grimaldi, et plusieurs compagnies d'archers conduits par

* Froissard, tome Ier, chap. LXXI, page 87.

Le Gallois de la Baume, vinrent élever le nombre de ces troupes jusqu'au chiffre redoutable de quinze mille, et cette armée fondit comme la foudre sur Ancenis et Carquefou, avant que Montfort eût pu seulement en soupçonner l'approche, ou appeler à son secours son allié d'outre-mer. Pour éviter le premier choc de pareilles forces, et en attendant qu'il fût en état de tenir la campagne, il n'eut que le temps de s'enfermer dans Nantes avec sa femme et son fils, alors en sa deuxième année; et c'est là que nous les laissons tous trois, pour reprendre, sur un autre point, le fil de notre récit.

IX

Le château d'Hennebond.

C'était donc dix années environ après les événements qui ont formé la première partie de cette histoire ; toute la Bretagne ignorait encore que Montfort et sa femme étaient assiégés dans Nantes, et les faits que nous allons raconter se passaient au château d'Hennebond, chez messire Olivier de Spinefort, gouverneur de la ville et haut baron de Bretagne. Nous espérons que le lecteur n'a pas oublié le nom de ce personnage, ancien hôte et allié de sir Hugues de Caverley, avec lequel il se rencontra à Chartres, en y accompagnant Jean III, et qui va devenir un des acteurs les plus importants et les plus malheureux du drame fatal et sanglant qui se prépare autour de lui.

Dans une salle basse du château d'Hennebond, sévèrement décorée de tapisseries de haute lice, et recevant le jour par deux étroites fenêtres, sept personnes, avec lesquelles nous devons faire connaissance, étaient assises autour d'une table en chêne massif, achevant un souper de famille qui rappelait les repas homériques *. Trois hommes, deux femmes et un enfant com-

---

* Le souper, à cette époque, était le principal repas des grandes familles, en Bretagne. Il avait lieu ordinairement avant le coucher du soleil.

posaient cette réunion de convives, ce qui lui donnait un aspect agréablement varié, suivant la double différence des caractères et des costumes.

Les trois hommes étaient le baron Olivier de Spinefort, chef de la maison et président de la table; le chevalier Tanneguy de Penarvan, son neveu, assis en face de lui, un peu à gauche; et sir Hugues de Caverley, comte de Chester, hôte et commensal, pour la seconde fois, de ses nobles alliés de Bretagne.

Le baron de Spinefort était un homme de cinquante-six ans, déjà respectable comme un vieillard, avec toute l'énergie de l'âge mûr. Sa haute et puissante taille, droite et ferme jusqu'aux épaules, se courbait légèrement, à la naissance du cou, par habitude plutôt que par faiblesse, et sa tête, suivant naturellement la même tendance, s'inclinait sur sa poitrine avec une expression méditative ; son large crâne, à demi chauve, était entouré d'une couronne de cheveux blancs et rares; mais ces cheveux s'épaississaient brusquement vers la nuque, où ils conservaient un ton gris et vigoureux. Dans son regard et dans tous ses traits, c'était le même assemblage de force et de majesté. Levés vers le ciel, ses yeux avaient une tristesse mélancolique ; fixés devant lui, ils dardaient un rayon subtil et pénétrant ; baissés vers la terre, ils exprimaient le commandement absolu. De sa paupière gauche à son oreille, régnait une cicatrice profonde, glorieux témoignage de sa bravoure et souvenir d'une jeunesse belliqueuse; nouveau contraste, d'ailleurs, avec les lignes délicates de son nez et de ses lèvres, dont la courbure et les contractions dénotaient moins la valeur que la finesse.

Le baron de Spinefort était en simples chausses de drap noir, et en pourpoint de soie rouge et bleue ; un renard, symbole tiré de ses armes, était brodé en blanc sur sa poitrine, et une calotte de velours écarlate coiffait l'ogive de son faudesteul *.

Tanneguy de Penarvan était neveu de Spinefort à la mode de Bretagne, en ce sens qu'il avait au moins les deux tiers de l'âge de son oncle, et qu'il ne lui manquait que de porter son nom pour ressembler à son frère cadet. C'était, du reste, une figure aussi plaisante et joviale que celle du baron était sérieuse et respectable, une de ces figures privilégiées qu'on ne saurait regarder sans rire. Non que Tanneguy fût d'une laideur grotesque ou ridicule ; il était, au contraire, ou plutôt il avait été un joli

* Fauteuil de bois ciselé, en forme de stalle ou de trône.

homme; mais ses petits yeux vifs étaient si petillants, son teint avait un éclat si empourpré et si fleuri, le sourire semblait si heureusement fixé sur ses lèvres entr'ouvertes et ses deux rangées de dents blanches, ses sourcils mobiles se relevaient si vite au moindre signe d'allégresse, sa voix résonnait si forte, si vibrante et si infatigable; il y avait enfin dans toute sa personne tant d'insouciance, de gaillardise et de bonhomie, qu'on devinait, au premier coup d'œil, une de ces créatures qui ont mission de divertir les autres, et qui remplissent cette mission d'autant plus facilement qu'elles n'ont jamais besoin de se divertir elles-mêmes. Enfant de quarante ans, en un mot, Penarvan était le boute-en-train de la famille, posé et accepté comme tel, en dépit de ses rides naissantes et de ses cheveux gris, qu'il ne respectait pas plus qu'il ne les fai-

sait respecter. Entêté, d'ailleurs, en digne
Breton, paresseux par nature et par habitude, taquin et malicieux avec ses supé-
rieurs et ses égaux, familier jusqu'à l'oubli
avec ses inférieurs, au demeurant le meilleur fils du monde, comme aurait dit Marot.
Son costume, analogue à son naturel, était
d'une simplicité toute primitive. Trouvant
la chaleur du jour exorbitante, il avait mis
bas son justaucorps et son pourpoint, de
sorte qu'il était à table en hauts de chausses
et en bras de chemise, inconvenance domes-
tique pardonnable à lui seul au xive siècle !
Pour se rafraîchir plus sûrement encore,
il avait entr'ouvert l'unique vêtement qui le
couvrait, et rejeté ses longs cheveux derrière ses oreilles, en guise d'éventail à l'u-
sage de son cou.

Caverley, qui se tenait à droite du baron
de Spinefort, n'était plus tout-à-fait le jeune

homme que nous avons peint à nos lecteurs. Les dix années qui venaient de passer sur lui avaient laissé après elles des traces profondes. On retrouvait bien toujours le beau chevalier anglais qui avait traversé les fêtes nuptiales de Chartres comme une vision rapide. C'étaient le même visage énergique et délicat, le même regard mystérieux et rêveur, presque la même jeunesse et le même éclat, fortifiés, d'ailleurs, par la maturité de l'âge. Mais en observant de près cette noble figure, on remarquait la révolution secrète qui s'y était opérée insensiblement. Les joues avaient moins de fermeté et plus de pâleur, les yeux une expression sévère et quelquefois glaciale, la bouche un sourire empreint d'amertume et de doute, la voix un timbre mordant et railleur. On reconnaissait l'homme de trente ans qui a perdu les illusions de son adolescence, et qui ne se laisse plus aller à la joie que par complaisance ou par ironie. Caverley, au reste, avait tout l'extérieur d'un convalescent qui renaît à l'existence, et son bras gauche plié sur sa poitrine, tandis que sa main reposait dans son justaucorps, indiquait que son nouveau séjour chez ses hôtes avait été consacré à la guérison de quelque grave blessure. Un page, spécialement attaché à sa personne, se tenait debout derrière lui pour lui donner ces soins, et se trouvait souvent prévenu dans ces fonctions par une jeune femme assise à droite du chevalier.

Cette femme pouvait avoir de dix-neuf à vingt ans, et on l'eût prise pour une jeune fille, sans son demi-deuil de veuve. Tous les charmes de la première jeunesse, en effet, brillaient encore sur son front pur et virginal. Son visage était rose et frais comme une églantine qui vient de s'épanouir, et ses cheveux blonds et dorés, tournés en auréole sur sa tête, la faisaient ressembler à un chérubin nouvellement descendu du ciel. Cette illusion était complétée par la ravissante simplicité de sa toilette, composée d'une robe de soie violette sans ceinture, dessinant chastement sa belle taille depuis les épaules jusqu'aux hanches. Vous avez vu, dans les enluminures des missels gothiques du xive siècle, ces figures de châtelaines, toutes vermeilles et toutes blanches, dessinées sur un fond d'outre-mer qu'elles semblent éclairer doucement. La voisine de Caverley était une de ces figures rayonnantes. L'expression de sa physionomie et de son regard, contraste délicieux, était la tendresse la plus caressante et la gaieté la plus aimable, et elle prodiguait ce double trésor de son cœur et de son esprit à deux favoris bien différents l'un de l'autre. Le premier était le chevalier anglais, qu'elle entourait de prévenances exquises et mystérieuses ; le second était un petit garçon de trois ans, joli comme elle, qu'elle baisait avec ardeur, en l'appelant son fils, toutes les fois que Caverley lui envoyait un sourire.

Cette femme était Anne-Marie de Spinefort, fille du baron, et veuve du comte Alain de Kergorlay, mort après deux ans de mariage. L'enfant placé près d'elle était Jehan de Kergorlay, l'unique fruit de cette union malheureuse.

Après Jehan de Kergorlay, venait une figure qui pouvait faire le pendant de celle de Tanneguy. C'était la même apparence de force et de santé, au premier déclin de l'âge, la même face épaisse et rubiconde, la même proéminence abdominale. Mais là s'arrêtait la ressemblance, les deux physionomies étant, d'ailleurs, complétement opposées. Celle du père Auffroy Kerily, chapelain du château, était aussi soucieuse que celle de Penarvan l'était peu. C'est qu'autant l'un se sentait libre et maître de lui-même, autant l'autre se voyait assujetti et absorbé par sa position. Il était impossible, en effet, d'être plus occupé, et occupé moins agréablement, que le père Auffroy Kerily. Outre ses fonctions de chapelain, qui étaient sa sinécure, il avait à gérer deux charges différentes, dans l'acception la plus pénible du mot : il était gouverneur de messire Jehan de Kergorlay, le plus *ingouvernable* des garçons de trois ans, et il remplissait l'office d'interprète auprès de damoiselle Berthe de Spinefort; — ce qui mérite une explication particulière.

Damoiselle Berthe de Spinefort, sœur

aînée du baron, était une fille de soixante ans. N'ayant point été belle dans sa jeunesse, la vieillesse l'avait d'autant plus enlaidie; mais c'était une chose qu'elle ne pouvait s'entendre dire, ayant le privilége d'être sourde comme un loir. Cette infirmité l'eût rendue supportable, si elle eût dispensé chacun de lui adresser la parole; mais telle n'était point la résignation de damoiselle Berthe, qui était moins sourde encore que curieuse : il fallait qu'elle sût tout ce qui se disait autour d'elle, èt qu'elle se mêlât comme les autres à la conversation. C'est à cet effet que le père Auffroy était attaché à sa personne, et l'on se figure les désagréments d'une pareille mission! La vieille étant dans la continuelle alternative d'entendre de travers ou de ne pas entendre du tout, le chapelain se trouvait dans celle de rectifier ses réponses ou de lui répéter les paroles des autres, le tout sur un diapason à la hauteur de son organe, c'est-à-dire en lui criant aux oreilles.

Or, on comprendra maintenant la préoccupation du malheureux, lorsqu'on apprendra qu'il était à table entre Jehan de Kergorlay et damoiselle Berthe, obligé, par conséquent, de remplir à la fois les fonctions d'interprète et celles de gouverneur. Les unes souffraient nécessairement des autres, malgré le zèle simultané qu'il y mettait, et son fougueux élève ne manquait point de renverser une coupe ou une aiguière, chaque fois qu'il se penchait à l'oreille impatiente de la vieille ; de même que par réciprocité, tandis qu'il réparait les fautes de l'enfant, la damoiselle tendait tout-à-coup sa main en porte-voix, faisant un appel inattendu à ses poumons fatigués. Souvent cet appel machinal avait lieu au moment où personne n'ouvrait la bouche, et il fallait crier bien fort à la damoiselle que tout le monde gardait le silence. Elle se vengeait alors des sourires de chacun par un geste de mauvaise humeur, et le père Auffroy saisissait l'occasion pour boire et manger, autant que messire Jehan daignait le permettre.

Telles étaient les personnes réunies à la table du baron de Spinefort, le 17 juin de l'an 1341, vers sept heures de l'après-midi. Le souper tirait à sa fin, comme nous avons dit, et les entremets épicés, qui avaient succédé aux viandes, cédaient à leur tour la place aux fruits secs et confits. Les panetiers et les varlets tranchants avaient quitté la salle, et les échansons, portant de longues cruches sur leurs mains, allaient versant le vin aux hommes et l'hypocras aux femmes, tandis que les ménétriers du château jouaient doucement de la cornemuse et du biniou dans une cour voisine.

La conversation roulait sur la grande affaire du temps : la querelle de Jean de Montfort et de Charles de Blois ; et chacun prenait parti suivant son caractère et ses idées, sans se demander si l'union de la famille ne souffrait point de cette division.

— Aussi vrai que ce vin d'Anjou est authentique, dit Tanneguy en soulevant son gobelet de cristal, je ne connais qu'une raison qui m'empêche d'aller offrir mon épée à Charles de Blois.

— De quelle épée parles-tu d'abord ? interrompit le baron, qui ne manquait jamais de reprocher à son neveu son incapacité militaire.

— Par Dieu ! répondit Penarvan, de celle que je pourrais acheter comme un autre chez l'armurier de Vannes.

— La manieriez-vous comme un autre, mon cousin ? demanda la dame de Kergorlay avec une douce ironie.

— Anne-Marie, vous êtes une méchante, dit Tanneguy ; je me battrais comme un lion, ne fût-ce que pour vous faire enrager.

Ceci s'adressait aux opinions connues de la jeune femme, dévouée avec une exaltation chevaleresque à la cause de Montfort.

— Mais, reprit Tanneguy d'un ton de gravité comique, je reviens à la seule raison qui prive Charles de Blois de ma présence; c'est qu'il fait jeûner, dit-on, ses capitaines et ses soldats, deux ou trois fois par semaine, particulièrement les jours de bataille et de marche forcée, ce qui me semble en contradiction flagrante avec le sens commun. En effet, poursuivit-il en avalant une figue de Malte, m'empêcher, moi, Tanneguy de Penarvan, de manger avant le combat ou de boire après la victoire! autant vaudrait défendre à ma jolie cousine de s'occuper de son pâle voisin de droite, ou interdire à ma pauvre tante Berthe les services de l'excellent père Auffroy.

Pendant que la première de ces allusions faisait rougir Anne-Marie et sir Hugues, la vieille damoiselle se fit naïvement répéter la seconde par son interprète, qui lança un regard plein de rancune à Tanneguy.

— Je suis de votre avis, Penarvan, dit Caverley en jetant un coup d'œil à la jolie veuve, et je vous conseille de suivre les inspirations de votre estomac, en adoptant une bannière sous laquelle on ne jeûne jamais.

— Celle de Jean de Montfort? Oh! je sais qu'on fait bonne chère avec lui, quoique votre mine ne l'indique pas, Caverley! Mais vous savez aussi que le comte de Montfort n'est pas mon homme, et que je suis pour Jeanne de Penthièvre par galanterie.

— Si la galanterie vous guide, mon cousin, reprit la comtesse de Kergorlay, on dit que Jeanne de Montfort est d'une beauté capable de soumettre les cœurs les plus rebelles. N'est-il pas vrai, messire Hugues?

Cette question, fort innocente, troubla le chevalier anglais. Un nuage rapide passa sur ses yeux, et un soupir s'échappa de sa poitrine; puis secouant la tête comme un homme qui chasse une vision, il répondit d'un son de voix naturel :

— Jeanne de Montfort était fort belle à Chartres, le jour de ses noces, et fit l'admiration de tous ceux qui eurent l'honneur de la voir. Quoique je ne l'aie point rencontrée depuis cette époque, je ne doute pas que sa beauté ait augmenté encore.

— C'est ce que je puis vous certifier, dit le baron, moi qui ai revu Jeanne aux États de Rennes, sept ans après son mariage. Elle venait de mettre au monde l'enfant qui a aujourd'hui l'âge de mon petit-fils, et sa grâce s'était accrue d'une majesté qui s'expliquait par le bonheur d'être mère.
— Je puis donc assurer mon galant neveu, ajouta t-il en souriant, que Montfort effacerait Blois sous le rapport des femmes.

Penarvan voulut soutenir que Jeanne de Penthièvre était bien jolie ; mais Caverley fit changer la conversation.

— Qu'importe au droit des prétendants la rivalité de leurs épouses! s'écria-t-il vivement ; ce ne sont pas les beaux yeux, mais les bonnes épées, qui videront la querelle.

— C'est vrai! dit Olivier de Spinefort en levant ses yeux mélancoliques.

— Et à propos de bonnes épées, continua sir Hugues, il en est une dans l'arsenal de ce château, qui ferait, à elle seule, pencher la balance.

Ces mots, en arrivant à leur adresse, arrachèrent un soupir au baron.

— Oui, dit-il lentement, tandis que sa fille et Caverley le regardaient en silence ; oui, mon cousin (c'était le nom qu'il donnait au chevalier, quoiqu'ils ne fussent qu'alliés par les femmes), depuis que la voix de Montfort vous a rappelé d'Angleterre en Bretagne, depuis surtout que vos blessures au Guildo vous ont forcé de passer un mois à Hennebond, vous vous êtes joint à ma fille pour plaider la cause de votre ami, et vous espérez le dédommager de votre absence en lui procurant un défenseur de plus. Cette chaleur de zèle vous fait honneur, mon cousin, et je voudrais pouvoir partager votre enthousiasme, comme celui d'Anne-Marie; car Jeanne de Penthièvre n'est qu'une femme, quelque charmante que Tanneguy la trouve, et, Charles de Blois étant un étranger pour nous, Jean de Montfort est le véritable suzerain de la Bretagne; mais je vous ai dit vingt fois les raisons de ma neutralité, et je ne vous apprendrais rien en vous les redisant encore.

— Toujours votre serment à Jean III ? répondit Caverley, cette promesse de fidélité à son futur successeur, surprise à votre bonne foi par la politique d'un vieillard? Mais ne convenez-vous pas vous-même, mon cousin, que vous avez été trompé dans ce serment? Vous laisser entendre, en effet, que Montfort sera duc, parce que vous êtes partisan de Montfort au fond du cœur, et vous extorquer ainsi une vague parole, au profit de Jeanne de Penthièvre ! Voyez le profond stratagème et le terrible engagement! Jean III n'a-t-il pas employé la même ruse auprès des plus grands vassaux du duché, et en citeriez-vous un seul qui se soit cru obligé contre sa conscience ?

— En citeriez-vous beaucoup, chevalier, qui ne soient pas demeurés neutres comme moi ?

— Raison de plus pour leur donner l'exemple ! Dans cet hommage surpris six ans d'avance, aucun de vous n'a cru s'engager pour Charles de Blois.

— Nous nous sommes engagés pour le successeur de Jean III, sans le désigner, nous en rapportant, pour le choix de ce successeur, à Jean III lui-même. Que notre préférence n'ait pas été la même que celle du vieux duc, qu'il nous ait trompés, comme vous dites, ou qu'il ait changé d'avis, comme je voudrais le croire, le serment n'en subsiste pas moins, chevalier! et Charles de Blois est aujourd'hui reconnu par les États de Bretagne et de France, ainsi qu'il l'a été d'abord par le testament de Jean III!

— Bien parlé, vive Dieu! s'écria Penarvan, qui battit des mains; — répondez à cela, messire Hugues, ajouta-t-il malignement, en lui lançant du pouce et de l'index un raisin d'outre-mer.

Anne-Marie le reçut et le renvoya à qui de droit; et Caverley continua gravement la discussion, pendant que Tanneguy avalait son projectile.

— Un serment, mon cousin, n'a de valeur que par la pensée de celui qui le prononce. Toute la question est donc de savoir à qui vous avez cru faire hommage, entre les mains de Jean III. Est-ce à Montfort ou à Jeanne de Penthièvre?

— C'est à Montfort par l'intention, mais

c'est à Jeanne de Penthièvre par le fait.

— Le fait n'est rien, baron ! vous n'êtes obligé qu'à Montfort devant votre conscience et devant Dieu.

— Bien parlé! dit à son tour la jeune veuve, en imitant Tanneguy ; — répondez à cela, messire de Penarvan !

La jolie fanatique de Montfort défiait ainsi son père de répliquer au chevalier; et le silence forcé de Tanneguy lui fit d'autant plus de plaisir, qu'elle crut y trouver un aveu indirect de l'assentiment du baron ; mais elle revint bientôt de cette illusion prématurée, lorsque celui-ci repartit en hochant la tête :

— Vos raisons me touchent sans me convaincre, mon cousin ; je suis réellement et malheureusement condamné à rester neutre*, ne fût-ce que pour l'exemple, et je ne

---

* Pour comprendre les scrupules du baron de Spinefort, ainsi que la supercherie de Jean III, il faut se rap-

pourrai jamais offrir mon épée à Jean de Montfort, si ce n'est à une seule condition.

— Laquelle? demanda Caverley.

— Fidélité lie, et traîtrise délie, dit solennellement Spinefort; il faudrait que la trahison se mît dans le parti de Charles de Blois, pour que je devinsse libre par devers Jeanne de Penthièvre.

— En effet!... murmura le chevalier à demi-voix, sans oser exprimer sa coupable espérance autrement que par un coup d'œil à sa voisine.

La dame de Kergorlay répondit par un regard sympathique, et toute la famille se leva de table.

Tourné vers le grand crucifix de chêne,

peler que la lettre, plus encore que l'esprit des serments, était l'unique garantie de la hiérarchie sociale, au moyen âge, et que tel était, à cette époque, le véritable droit des gens, défendu comme l'arche sainte par toutes les nations conjurées.

qui se détachait entre les deux croisées, le père Auffroy Kérily récita lentement les grâces ; chacun dit *amen* et fit le signe de la croix, depuis le vieux baron de Spinefort jusqu'au petit Jehan de Kergorlay, et tout le monde se groupa ou se promena le long des hautes tapisseries, pendant que varlets, hâteurs et galopins transformaient la salle à manger en salon. Penarvan délivra le chapelain d'une partie de sa responsabilité, en se chargeant de l'élève mutin, qu'il installa sur ses genoux devant une fenêtre. L'interprète n'eut plus qu'à s'occuper de damoiselle Berthe, auprès de laquelle il s'assit dans un fauteuil à double siége ; et, après avoir circulé quelque temps dans la grande salle, la jeune veuve et le chevalier se rejoignirent instinctivement à l'écart...

X

Un son de trompe.

Immobile en face d'Anne-Marie et de Caverley, à l'extrémité opposée de la salle, le baron les considérait avec une joie mêlée d'incertitude, interrogeant tour à tour l'œil tendre et doux de sa fille et le front rêveur de son hôte, et cherchant en vain, sous les plis imperceptibles de l'un, le bonheur confiant qu'il lisait dans l'azur limpide de l'autre. L'amour d'Anne-Marie pour Caverley n'était un secret pour personne, au château d'Hennebond ; chacun, en effet, et Spinefort le premier, avait vu cet amour gagner le cœur de la jeune femme, au milieu des soins qu'elle avait prodigués au blessé du Guildo. Veuve, à dix-neuf ans, d'un mari qui aurait pu être son père, la dame de Kergorlay n'avait encore eu d'affection profonde que pour son fils, et s'était laissée aller à son attachement pour sir Hugues, comme une jeune fille à sa première passion. Toutes les idées de Caverley étaient devenues celles d'Anne-Marie. Elle s'était faite enthousiaste de la cause de Jean de Montfort, parce que Caverley donnait son sang à cette cause ; elle sortait de sa timide et pacifique nature pour parler de guerre, parce que Caverley était un guerrier illustre ; elle exaltait même, pauvre femme ! la beauté de Jeanne de Montfort qu'elle ne connaissait point, parce qu'elle avait entendu Caverley vanter cette beauté dont elle n'avait pas l'idée d'être jalouse.

Nul ne s'offensait de cet amour, à Hennebond, excepté Tanneguy de Penarvan. C'est que Tanneguy, tout insouciant qu'il fût, avait un cœur et des yeux comme un autre. Or, ces yeux n'avaient pu s'empêcher de remarquer sa jolie cousine, et ce cœur de l'aimer à sa manière. La passion d'un tel homme n'avait rien de grave sans doute, et Anne-Marie était la première à en sourire ; mais nous avons dit que Tanneguy était entêté, et il se flattait parfois, avec le temps, d'épouser sa cousine. Sa tactique, à cet effet, tenant de son caractère, était assez curieuse à observer. Tant qu'il se trouvait le seul courtisan de la jeune femme, au château, il la comblait de ses soins et de ses services, qui consistaient, en somme, à l'amuser plus que les autres. Dès qu'un rival dangereux venait se mettre en travers de ses prétentions, il s'écartait avec une discrétion philosophique; mais, comme le Parthe fugitif, il déchargeait tout son carquois contre l'ennemi. C'était alors que sa joviale taquinerie faisait merveille, jusqu'à ce qu'il recueillît le fruit de sa patience en se retrouvant maître du champ de bataille. L'impression produite par Caverley sur sa cousine l'avait effrayé aussi sérieusement qu'il pouvait l'être, et tremblant que ce concurrent redoutable ne gardât définitivement la place, il le harcelait, comme on a vu, à la façon dont la mouche harcèle le lion. Heureusement, si la passion d'Anne-Marie était prouvée à Tanneguy, celle du chevalier lui semblait moins évidente, et tel était le doute partagé par le baron de Spinefort, qui ne réfléchissait pas à autre chose en ce moment.

— Caverley aime-t-il ma fille? se demandait le châtelain en les considérant. Et cette incertitude causait son tourment secret, comme elle faisait l'espoir manifeste de son neveu. Car il voyait le cœur d'Anne-Marie si irrévocablement engagé, que son bonheur ou son malheur le serait bientôt également, et il ne pouvait s'expliquer la réserve du chevalier, qui semblait se laisser aimer sans oser aimer lui-même. Plus d'une fois il avait tenté de l'interroger sur ce mystère, mais toujours inutilement. Non seulement, Caverley éludait toutes les questions possibles, mais on eût dit qu'il redoutait jusqu'à ses propres réflexions. Trouvait-il Anne-Marie indigne de son alliance? Elle était cependant noble, riche et belle!

Se débattait-il intérieurement contre quelque autre amour ou quelque engagement inavoué? Un remords du passé travaillait-il son âme; ou avait-il des appréhensions de l'avenir? Ces suppositions tourmentaient d'autant plus le sire de Spinefort, que son amitié pour son hôte et son amour pour sa fille étaient également sincères.

Ce soir-là justement, l'embarras de sir Hugues contrasta plus que jamais avec l'abandon d'Anne-Marie. Entre le plaisir et la peine que lui faisaient les naïves prévenances de la jeune femme, son hésitation parut augmenter de minute en minute, et finit par devenir douloureuse. Il écoutait avec un ravissement involontaire les paroles qui venaient flatter son oreille, et il se repentait tout-à-coup de les entendre, comme si elles eussent froissé en lui quelque fibre invisible. Après avoir plongé ses regards jusqu'au fond de la belle âme qui s'ouvrait à la sienne, il les retirait et les détournait en soupirant, pour les élever vers le ciel ou les fixer à la terre. Le sourire calme et radieux qui naissait par moments sur ses lèvres, s'imprégnait bientôt d'une sombre tristesse ou d'une froide ironie. Sa main s'avançait vers celle d'Anne-Marie et se reculait au même instant. On eût dit parfois qu'il balançait entre le désir de se jeter à ses genoux et celui de s'enfuir loin d'elle. C'était un mélange inexplicable de tendresse et de défiance, une lutte étrange et mystérieuse entre deux sentiments inconnus.

Tout-à-coup cependant le chevalier sembla faire un violent effort sur lui-même, et vouloir sortir irrévocablement de ses perplexités. Il se rapprocha de la dame de Kergorlay et arrêta ses yeux sur elle; il l'enveloppa, en quelque sorte, et la caressa d'un regard, cette fois sans nuage. Il sourit sans amertume à la rougeur qui couvrit son beau front, et il amena vers lui, par un geste suppliant, le plus céleste rayon de son grand œil d'azur. Surprise et charmée de tant de bonheur, Anne-Marie s'y abandonna naïvement, et jamais ange gardien ne jeta sur un homme un regard semblable à celui que le chevalier reçut d'elle!... Non moins ému que sa fille, le baron suivait seul ce doux tableau. Après avoir long-temps contemplé la jolie veuve, sir Hugues parut maître de ses hésitations. Il s'inclina silencieusement vers elle, en s'assurant que personne ne les remarquait, saisit et pressa une main tremblante qu'il approcha de ses lèvres entr'ouvertes, et prononça à voix basse un seul mot qui sembla transporter Anne-Marie au ciel...

La jeune femme serra à son tour la main

du chevalier, pendant qu'une larme d'attendrissement roulait sur la joue du baron ; et, laissant Anne-Marie courir à son enfant, qu'elle prit dans ses bras avec une joie convulsive, Caverley s'approcha lentement du sire de Spinefort.

— Baron, lui murmura-t-il à demi-voix, je viens de dire à votre fille que je l'aime, et je vous demande sa main.

Pour unique réponse, le châtelain embrassa son hôte, et tout le monde, jusqu'à la vieille sourde, se retourna avec le plus grand étonnement.

— Eh bien ! pensa Tanneguy, le chevalier se couche-t-il donc aujourd'hui à huit heures, qu'il donne déjà l'accolade du soir au baron?

— Qu'est-ce que l'on dit ? signifia au père Auffroy le geste habituel de Berthe.

— On ne dit rien du tout ! cria le chapelain sur le ton d'usage.

Le petit Jehan de Kergorlay poussa un éclat de rire enfantin, répété par Penarvan, et le châtelain allait donner l'explication de cette scène, en unissant aussitôt la main de sa fille à celle de Caverley, lorsqu'un son de trompe, retentissant à la porte du château, du côté de la campagne, vint détourner subitement l'attention de la famille...

Tout le monde, par un seul mouvement, se leva à ce signal, et un frisson rapide sembla traverser le corps du chevalier...

XI

Nouvelles de Nantes!

— Qui peut venir à cette heure? dit tranquillement le baron, pendant que la curiosité et l'inquiétude agitaient diversement ses hôtes.

La nuit, en effet, commençait à tomber; le couvre-feu venait de sonner à Hennebond, et le pont-levis du manoir était remonté en l'air avec ses lourdes chaînes. C'était une heure à laquelle on ne recevait plus personne, à cette époque, à l'exception des pèlerins ou des messagers, et les vicissitudes de la guerre étaient telles, qu'on devait toujours appréhender quelque fâcheuse surprise.

— **Deux** flambeaux ici! dix hommes sur la terrasse, et bas la herse! cria le baron à son majordome et à ses varlets de garde.

Anne-Marie se rapprocha du chevalier, dans un angle de la salle, Jehan de Kergorlay retourna sur les genoux de Tanneguy, qui s'empressa de remettre sa toque et son pourpoint, et l'on n'entendit, pendant plusieurs minutes, que le bruit métallique des chaînes du pont-levis, mêlé à la voix perçante du chapelain, répondant aux interrogations de la vieille Berthe.

— Qui vive? cria un varlet de garde ; ami ou ennemi? France ou Bretagne?

— Ami et Bretagne, répondit une voix qui fit tressaillir le chevalier.

— Qui encore? reprit le varlet.

— Salomon Creff-Will, écuyer du sir Hugues de Caverley, comte de Chester.

— L'écuyer de Caverley! s'écria tout le monde dans la salle. Et chacun d'ajouter avec un joyeux empressement : — Nous allons donc avoir des nouvelles de Nantes!

Des nouvelles de Nantes, en effet, telle était alors l'attente de toute la Bretagne. On pensait que Montfort avait fait de cette ville le rempart de ses conquêtes, qu'il s'y était fortifié et enfermé avec sa femme et son fils, et que l'armée de Charles de Blois commencerait par là ses attaques. Au château d'Hennebond surtout, on était impatient et inquiet, et voilà pourquoi le chevalier, condamné à ne pouvoir rejoindre Montfort, avait récemment envoyé son écuyer vers lui, avec mission d'en rapporter un message. Il était loin de penser, au reste, que ce message pût être si prompt, et l'arrivée inopinée de Creff-Will lui fit d'abord pressentir un malheur... Mais, toute fatale que fût cette première pensée, une autre, plus fatale encore, la remplaça aussitôt dans son âme. Si les nouvelles de Nantes n'étaient que des nouvelles en général pour la plupart des habitants du château; si c'étaient des nouvelles de Charles de Blois pour Penarvan, et des nouvelles de Jean de Montfort pour le baron et sa fille; — pour le chevalier qui venait de s'engager devant l'un et l'autre, c'étaient des nouvelles de Jeanne de Montfort!

Aussi devint-il plus pâle que de coutume, en entendant sur le pont-levis les pas de son écuyer, et pressa-t-il la main d'Anne-Marie, comme pour se rattacher à elle, lorsque Salomon Creff-Will entra dans la salle...

XII

La chute de l'aigle.

L'émotion de Caverley, au moment d'entendre parler de Jeanne de Montfort, n'était pas seulement le pressentiment involontaire de quelque nouvelle révolution dans sa destinée, c'était aussi le résultat d'une combinaison de souvenirs et de remords, qui s'expliquait par la situation d'esprit du chevalier.

Homme de passion plutôt que de caractère, Caverley avait les défauts et les qualités de sa nature. Il avait montré sa susceptibilité d'impression à Gand, en tombant amoureux de Jeanne de Flandre au premier regard. Sa persévérance et son dévouement avaient éclaté d'une manière héroïque dans les efforts surhumains qu'il avait faits pour obtenir le prix de son amour. Il avait prouvé sa discrétion et sa docilité à Chartres par ses explications avec la comtesse de Montfort et par sa résignation à se séparer d'elle ; mais depuis cette époque, il n'avait cessé de faire l'épreuve de sa faiblesse, en s'efforçant en vain d'oublier un rêve évanoui, et de rattacher son âme aux réalités de l'existence. La plus belle occasion lui en avait été offerte chez le baron de Spinefort, et un génie consolateur avait placé devant lu cette angélique dame de Kergorlay. On a vu cependant ses hésitations et ses craintes superstitieuses, et avec quelle peine infinie il s'était laissé adorer ! Il y avait plus d'un mois que l'avenir et le passé se disputaient ainsi son cœur, lorsqu'il s'était enfin décidé, comme nous l'avons fait voir, à essayer du bonheur en l'assurant à un autre. Mais au moment où il avait dit à Anne-Marie qu'il l'aimait, il s'était aperçu que ce mot changeait d'acception dans sa bouche. Une seule fois en sa vie, « aimer » avait signifié pour lui : « donner tout son être »; il ne voulait plus dire désormais que : « accorder sa confiance et sa main. » S'en servir même en ce dernier sens, après lui avoir attribué l'autre, lui semblait une sorte de profanation criminelle, qu'il se reprochait malgré lui; et le retour subit, en ce moment même, d'un écuyer qui lui rapportait tant de souvenirs, lui avait fait l'effet d'un avertissement jaloux envoyé par son ancien amour au nouveau.

Salomon Creff-Will ne fut pas plus tôt dans la salle du manoir, que tout le monde se rangea autour de lui avec le plus vif empressement. Ses vêtements couverts de poussière indiquaient qu'il avait chevauché tout le jour; sa respiration haletante, qu'il avait accéléré le pas en arrivant; son émotion et sa pâleur inusitée, qu'il apportait un message d'une terrible importance. Après avoir salué son maître et ses hôtes, toutefois, sa première pensée ne fut pas de prendre la parole, mais de porter la main à sa gorge avec un geste douloureux, indiquant qu'une soif ardente paralysait son organe. Le lecteur reconnaît, à ce signe caractéristique, l'ancien compagnon de Caverley sur la route de Chartres, l'hôte affamé et altéré qui avait si bien employé son temps à la taverne de la

Gerbe-d'Or. C'était le même homme, en effet, vieilli seulement de dix années, et doué d'une faculté d'absorption d'autant plus grande, qu'il n'avait pas manqué une occasion de la développer. Tanneguy de Penarvan comprit son désir avec une vivacité toute sympathique ; il lui fit apporter une cruche et un hanap, et se disposa à lui verser à boire de sa propre main. Mais l'écuyer le dispensa de cet office, en lui laissant le hanap pour s'emparer de la cruche, à même de laquelle il avala une douzaine de gorgées dont la moindre eût rempli la coupe de Charlemagne. Cette opération faite, il respira longuement, garda quelque temps encore la cruche, pour s'assurer que ses capacités ne comportaient rien de plus, et la rendit, avec un regard de reconnaissance, au varlet qui l'avait apportée. Alors il s'essuya trois fois la bouche et le front, et fut à la disposition de ses nobles auditeurs.

Chacun remarqua qu'en rentrant dans son rôle de messager, Salomon Creff-Will devenait d'une pâleur croissante. Le premier pressentiment de Caverley passa aussitôt dans l'âme de tous ceux qui l'entouraient, et ce fut d'une voix tremblante d'inquiétude qu'on demanda à l'écuyer si ses nouvelles étaient malheureuses.

— Hélas! oui, messeigneurs! répondit Creff-Will, avec une gravité extraordinaire qui frappa surtout son maître.

— Juste ciel! dit le chevalier, qu'est-il donc arrivé à Montfort?

— Une des aventures les plus fatales que son mauvais sort pût lui réserver!

— Il n'est pas mort? demanda le baron avec effroi.

— Non, messire; il existe.

— A-t-il perdu son fils? dit Anne-Marie en se rapprochant du sien.

— Il n'a point perdu son fils, madame.

— Jeanne de Montfort est vivante? s'écria énergiquement Caverley.

— Elle est vivante, sir, repartit Salomon.

Il appuya sur ces mots, et regarda son maître d'une façon particulière.

Chacun se hâta de répéter sa première question :

— Qu'est-il donc arrivé à Montfort?

— Montfort est prisonnier! répondit Creff-Will en baissant la voix.

— Prisonnier! grand Dieu! s'écria tout le monde.

— Prisonnier! répéta sourdement sir Hugues; lui qui était, il y a un mois, maître de toute la Bretagne!

— Voici comment cela s'est fait, messeigneurs, reprit l'écuyer, se recueillant comme un homme qui se rappelle une pénible leçon. — Vous savez que le comte était accouru à Nantes avec sa femme et son fils, à la première nouvelle du rassemblement de l'armée française. Il voulait réunir dans cette ville ses principales forces, afin d'aller au-devant de Charles de Blois, et de lui livrer bataille ; mais l'arrivée de ses ennemis fut si prompte et si inattendue, qu'il eut à peine le temps de s'enfermer dans la place avec une faible garnison. Séparé ainsi des trois quarts de ses partisans, et assiégé tout-à-fait à l'improviste, il se vit obligé de se défendre, à la tête d'une poignée de soldats, contre quinze mille combattants, guidés par quatre princes et cent chevaliers. Il s'agissait de faire des miracles d'adresse et de courage; Montfort en fit, et nous inspira tous.

Plaçant la comtesse et son fils dans le

château, sous la garde de cent hommes dont je fis partie, il disposa sa petite troupe sur les points les plus menacés de la ville, et attendit la première attaque de l'armée de Charles de Blois. Jean de Normandie, fils aîné de Philippe de Valois, qui la commandait au nom de son père, somma trois fois le comte de se rendre, et de lui remettre les clefs de Nantes. Il lui fut répondu de venir les prendre, et le siége commença.

Pendant trois jours et trois nuits, nous fûmes sur les murs, nous battant, chacun contre vingt, mais multipliés par l'héroïsme du comte. Les assiégeants, nous comptant par nos coups, nous crurent, en effet, aussi nombreux qu'eux-mêmes, et suspendirent leurs assauts assez long-temps pour nous laisser les moyens de réparer nos pertes. Le septième jour, le comte prévit une nouvelle attaque, et nous rangea tous sous les murs du château. Là, il nous rappela que nous étions ses seuls défenseurs, et qu'il dépendait de nous qu'il demeurât duc de Bretagne ou qu'il ne fût plus rien. Il fit passer devant nous la comtesse et son fils, auxquels nous jurâmes de vaincre ou de mourir; puis, les trompettes ennemies ayant sonné la charge, nous nous élançâmes tous ensemble aux murailles. Cette fois, l'engagement fut long et terrible, et nous vîmes que, malgré notre vigoureuse résistance, les Français connaissaient enfin notre faiblesse. Décidés à nous épuiser lentement, ils se retournèrent contre nous à mesure que nous les repoussions. Il aurait fallu, pour en venir à bout, que chacun de nous en tuât dix, sans être blessé. C'est un bonheur qui arriva, du reste, à quelques uns, et j'avais, pour ma part, abattu deux chefs et six soldats, lorsque, sentant que notre courage même hâtait notre perte, le comte fit sonner la retraite, et céda le champ de bataille aux ennemis....

Rien n'était désespéré cependant, car les trois quarts de la ville nous restaient encore avec le château, et le château seul, gardé par quelques centaines d'hommes, aurait défié toute l'armée de Charles de Blois. Mais les habitants commençaient à se décourager, et à trembler de voir piller leurs maisons. Les plus effrayés parlèrent bientôt de se rendre, et ce mot fatal parcourut en un instant toute la cité. Montfort sentit qu'un coup d'éclat seul pouvait calmer ces terreurs, et il demanda douze heures aux plus épouvantés, pour repousser les ennemis jusqu'à leurs premiers retranchements. Ce délai lui fut accordé, et il nous réunit de nouveau. De deux mille hommes que nous étions d'abord, nous ne restions plus que sept cents; et les assiégeants, encore au nombre de treize mille, avaient de plus sur nous l'avantage de la position. Nous jurâmes néanmoins de suivre le comte, et une sortie fut décidée pour onze heures du soir.

Jusqu'à cette heure, tout demeura silencieux dans la ville, de façon à faire croire aux ennemis que la consternation la plus profonde y régnait. Ils se le persuadèrent d'autant plus facilement que cela n'était que trop vraisemblable; nous vîmes, du haut des tours de Saint-Pierre, les feux s'éteindre l'un après l'autre dans leur camp, et à dix heures ils dormaient d'un sommeil paisible, en attendant le lever du jour suivant pour nous livrer un assaut décisif.

Le moment arrivé, notre petite troupe prend le chemin des murailles; elle se grossit, en marchant, de quelques bourgeois intrépides, et de tous les blessés qui peuvent encore tenir une arme. Enfin, nous nous trouvons mille en arrivant à la porte du Nord. Nous la franchissons sans bruit, et nous gagnons les tentes des assiégeants. Les premières sentinelles tombent sous nos coups, sans avoir le temps de pousser un cri; les autres vont jeter le désordre et l'alarme parmi les soldats réveillés en sursaut, et nous avançons jusqu'au milieu du camp, frappant ou dispersant tout ce que nous rencontrons. En une demi-heure, les trois quarts de nos ennemis sont en déroute; abandonnant armes et bagages, ils s'enfuient dans leurs anciennes fortifications. Quelques milliers d'hommes seulement se réunissent au hasard et nous arrêtent dans l'ombre. Mais, à l'incertitude de leur résistance, on devine les illusions qu'ils se font sur notre compte; persuadés que des renforts de troupes nous sont arrivés, ils nous croient en plus grand nombre qu'eux-mêmes. Une foule d'habitants, exaltés par notre succès, accourent, en effet, doubler nos rangs. Des prisonniers éperdus se livrent à nous par centaines, et se laissent emmener par des poignées de bourgeois sans armes. Bref, après trois heures d'escarmouches sur divers points, nous restons maîtres du camp de Charles de Blois, et cette victoire, qui sauve à la fois Nantes et Montfort, ne nous a pas coûté plus de trente blessés !

Dire la joie qui s'empara de nous alors, messeigneurs, serait une chose aussi difficile que merveilleuse. Nous nous embrassions tous comme des frères, en nous reconnaissant, aux premiers rayons de l'aurore. Nous comptions, avec une égale surprise, nos rangs presque complets et les nombreux ennemis étendus sur le champ de bataille ; nous prenions leurs armes, leurs bannières, leurs chevaux et leurs pavillons. Un trophée de lances, de heaumes, de pennons armoriés, fut dressé en quelques instants par nos mains réunies. Les plus vigoureux le portèrent devant Jean de Montfort, et nous nous dirigeâmes ainsi vers le château.

Il était trois heures du matin ; le jour se levait insensiblement sur la ville, et, réveillés par nos cris joyeux, les habitants accouraient à notre rencontre.

— Bretagne ! Bretagne et Montfort ! répétaient-ils, comme nous, sur le passage du comte ; et, la foule grossissant à chaque pas, les acclamations redoublaient de minute en minute.

Oh ! c'était magnifique ! s'écria Creff-Will, exalté par ses propres paroles ; c'était magnifique et admirable, messeigneurs ! — Et cela devait si tôt finir ! ajouta-t-il en changeant de ton ; notre triomphe devait nous conduire à notre perte !...

L'écuyer s'arrêta, comme s'il n'eût pas eu le courage de poursuivre. Les rangs se pressèrent avec anxiété autour de lui, et Penarvan, que ses opinions particulières rendaient moins inquiet que les autres, proposa au narrateur de s'éclaircir la voix par une nouvelle dose de vin d'Anjou.

Salomon accepta en soupirant, se laissa, cette fois, verser à boire avec une triste gravité, et continua son récit de la manière suivante :

— Nous allions donc, victorieux et fiers, vers le château, le comte à notre tête et les dépouilles de l'ennemi au bout de nos lances ; tout-à-coup, aux abords de la place Saint-Pierre, un mouvement rétrograde s'opère dans la foule qui nous escortait. Des cris de surprise et d'effroi se font entendre, et des groupes qui fuyaient nous signifient de les imiter. Ne comprenant rien à cette alerte, nous poursuivons tranquillement notre marche, et en arrivant sur le parvis de la cathédrale, nous le trouvons couvert d'hommes en armes. Comme ils semblaient venir pacifiquement au-devant de nous, nous les prenons d'abord pour des compagnies de bourgeois organisés pendant notre absence. Le comte s'avance vers eux dans cette persuasion, et leur crie : Bretagne et Montfort !

— Bretagne et Penthièvre ! répondent leurs chefs ; et tous s'élancent vers nous à l'improviste...

— A moi ! nous sommes trahis ! s'écrie le comte, qui tire du fourreau son épée, et frappe les premiers qui l'approchent.

Alors, effectivement, voyant nos adversaires de plus près, nous reconnaissons des soldats du duc de Normandie, conduits par le duc même en personne. Nous nous remettons cependant de notre surprise, et nous nous préparons à suivre l'exemple du comte; mais, à peine avons-nous serré nos rangs, que nous voyons ceux des Français se doubler et s'épaissir. Par toutes les rues qui aboutissent à la place, des compagnies armées accourent en criant : Bretagne et Penthièvre! et nous nous trouvons entièrement cernés en quelques minutes, vaincus sans coup férir au milieu de notre triomphe! Le comte, éperdu d'étonnement, jette un regard terrible autour de lui; et sur la principale tour du château il voit flotter la bannière de France!...

— Rendez-vous, Jean de Montfort, lui dit aussitôt le duc de Normandie; vous voyez que Nantes est à nous, et qu'il est inutile de vous défendre.

Il lui raconte en même temps, pour mieux lui ôter toute espérance, que, tandis qu'il courait à la victoire par une porte de la ville, une partie des bourgeois a livré l'autre aux assiégeants, et que les Français sont entrés en maîtres dans la place, au moment où les soldats de Charles de Blois sortaient en déroute de leur camp.

— Triomphe pour triomphe, messire! ajoute alors ironiquement le duc de Normandie, en sommant le comte, pour la seconde fois, de lui remettre son épée.

— Dites : trahison pour loyauté! monseigneur, répond Montfort avec un sourire de mépris. — Je vois, en effet, reprend-il d'un ton de morne désespoir, que tout est perdu pour moi, et qu'une heure a détruit l'œuvre d'une année! — mais, poursuit-il en brandissant son arme au-dessus de sa tête, vous allez voir, à votre tour, comment se rend un duc de Bretagne !

Au même instant, il enfonce ses deux éperons dans le ventre de son cheval, et, le lançant au plus épais des compagnies de France, il s'apprête à vendre chèrement sa vie...

— Juste ciel! s'écrièrent ici tous les auditeurs de Creff-Will.

— Il voulait mourir glorieusement, continua l'écuyer; nous prîmes sur nous de sauver ses jours, quelque malheureux qu'ils dussent être! Jetant nos chevaux en travers du sien, nous l'arrêtâmes à un pas des lances ennemies; et il laissa tomber de sa main son épée, qui fut remise par un autre au fils de France.

Une heure après, Charles de Blois était déclaré duc de Bretagne, à l'Hôtel-de-Ville et au château de Nantes, et tandis que les habitants lui faisaient hommage, le comte de Montfort était emmené à Paris sous bonne escorte.

— Là, lui a dit le duc de Normandie, il sera sommé, pour la dernière fois, de se soumettre au jugement de Philippe VI, et il demeurera enfermé dans la tour du Louvre, jusqu'à ce qu'on ait décidé son sort au conseil du roi.

Tout le monde avait écouté le récit de Creff-Will avec une attention profonde. Devant cette chute fatale de Jean de Montfort du haut de son plus beau triomphe, devant cette brusque interruption d'une si brillante destinée, arrêtée obscurément par la trahison, cette dernière raison de Philippe de Valois, chacun se sentait le cœur serré d'une pitié douloureuse et sainte, et Penarvan lui-même n'osait dire : Malheur au vaincu !

Mais parmi les auditeurs de l'écuyer, trois surtout ne pouvaient cacher leur émotion : Caverley, qui retrouvait tout-à-coup dans l'abîme du malheur l'ami qu'il avait laissé au pinacle de la gloire; Anne-Marie, qui souffrait doublement de l'infortune de Montfort et de la peine du chevalier ; le baron de Spinefort enfin, qui se demandait si les circonstances ne le déliaient pas de son serment, et s'il n'était pas temps de sauver à tout prix l'indépendance de la Bretagne.

— Voilà, messeigneurs, conclut Salomon, après une longue pause, voilà comment s'est vérifiée cette prédiction du grand Merlin : — Un aigle du Midi s'élèvera dans les cieux avant qu'on ait le temps de l'apercevoir, et sera tout-à-coup rejeté sur la terre par les griffes d'un vautour du Nord.

— Mais la prédiction ajoute, s'écria Caverley, que le petit de l'aigle sera sauvé par sa mère, et qu'elle le transportera jusqu'au plus haut du ciel, sans que le vautour puisse cette fois les atteindre.

— C'est vrai! dit vivement la famille bretonne, versée depuis l'enfance dans les prophéties de Merlin.

— Qu'est devenue Jeanne de Montfort? reprit le chevalier, expliquant sa pensée par cette simple question.

Et tous les assistants, lui faisant écho, répétèrent en se rapprochant de l'écuyer :

— Qu'est devenue Jeanne de Montfort?

Salomon Creff-Will passa de nouveau la main sur son front, comme un orateur arrivé au point le plus délicat de son discours, et sentit même le besoin de puiser dans la cruche une troisième dose d'éloquence, pour élever son esprit et son langage à la hauteur des choses qui lui restaient à dire.

Pendant qu'il tenait, à cet effet, le précieux vase renversé perpendiculairement sur ses lèvres, un tressaillement imperceptible de tous ses membres indiqua qu'un bruit particulier venait de frapper son oreille. Ce bruit, que lui seul et Caverley peut-être entendirent, était le pas de plusieurs chevaux dans la campagne, à quelque distance du manoir... Loin de trouver dans ce phénomène un motif d'alarme, l'écuyer sembla y voir un signal de reprendre son récit, et se posant avec une sorte de mélancolie solennelle, il se mit en devoir de satisfaire à la dernière question de ses hôtes.

XIII

Bretagne et Montfort!

— Les bourgeois qui avaient livré Nantes au duc de Normandie, poursuivit Creff-Will, l'avaient fait à deux conditions, qui prouvaient chez eux moins de perfidie que de lâcheté. D'abord, le comte seul devait être prisonnier, sa présence étant l'unique aliment de la guerre; ensuite, on se bornerait à désarmer et à faire sortir de la ville tous les habitants ou soldats qui refuseraient le serment à Charles de Blois. A ces conditions, Jeanne de Montfort et son enfant devaient rester libres, et cependant le premier mouvement des vainqueurs fut de les arrêter l'un et l'autre.

La comtesse veillait au fond du château, près du berceau de son fils, lorsque six hommes entrèrent presque en même temps dans sa chambre. Le premier était un écuyer du comte, qui venait annoncer sa victoire sur Charles de Blois; les cinq autres étaient des soldats du duc de Normandie, qui prenaient possession des appartements. Jeanne de Montfort apprit donc à la fois le salut et la perte de son mari, et n'eut pas le temps de lever ses mains au ciel avant de les voir enchaînées. Le berceau de son enfant fut gardé à vue comme elle-même, et elle passa ainsi une heure dans la plus cruelle anxiété. Enfin, le comte parut à ses yeux, captif comme elle et leur fils, et on les laissa tous trois ensemble, leur donnant un quart d'heure pour se dire adieu. Quelles paroles, quelles larmes, quels embrassements furent échangés entre eux pendant ce court intervalle, c'est ce que personne ne saurait raconter, car ils étaient calmes et silencieux lorsqu'on les sépara.

Libre et désarmé comme tous les soldats de la garnison, j'étais venu offrir mes services à la comtesse, et j'assistai à cette scène douloureuse. Les gardes qui devaient emmener le comte l'attendaient à la porte de la chambre. Il était debout et immobile devant sa femme, qui tenait son enfant dans ses bras. Tous deux se regardaient, puis regardaient leur fils, et celui-ci, s'attachant, d'une main, au col de sa mère, tendait l'autre à son père, comme pour le prier de ne pas partir. Le chef des gardes annonça que le moment était venu. Jean de Montfort se rapprocha de la comtesse, sans l'embrasser, lui prit la main, qu'il baisa avec une sorte de respect, puis, étendant la sienne sur la tête du petit Jehan, et faisant le geste de le bénir :

— Jeanne! dit-il, d'une voix que je pus seul entendre, souvenez-vous que voici mon successeur, et que vous portez les destinées de la Bretagne !

— Je m'en souviendrai! répondit la noble femme, en serrant son fils contre sa poitrine.

— Adieu! Jeanne, reprit Montfort.

— Au revoir, monseigneur, dit la comtesse.

Et ils se séparèrent, en échangeant un regard.

Montfort sortit d'un pas ferme et sans se détourner, tandis que le petit Jehan poussait un cri aigu, et ce fut seulement lorsqu'elle n'entendit plus les pas de son mari, que Jeanne se laissa tomber à genoux et se mit à fondre en larmes...

Ici Creff-Will s'arrêta involontairement, sentant des pleurs sous sa propre paupière. Il eût profondément rougi de cette émotion, s'il n'en eût trouvé l'excuse dans celle de ses auditeurs, et surtout dans l'attendrissement d'Anne-Marie et de sir Hugues, semblable effet de deux causes si différentes! mais le même bruit qu'il avait déjà entendu au dehors vint lui rendre à propos son sangfroid, et ce fut avec une sorte de précipitation forcée qu'il reprit son récit en ces termes:

— Il n'y avait pas cinq minutes que la comtesse s'abandonnait à sa douleur, quand des pas se firent entendre à sa droite et à sa gauche. Les premiers, qui s'approchaient de la porte de la chambre, étaient ceux du comte de Blois et du duc de Normandie venant reconnaître l'état de leur prisonnière ; les seconds, qui retentissaient au-dessous d'une croisée ouverte, étaient ceux de Jean de Montfort et de son escorte passant le pont-levis du château. La comtesse se traîna avec son fils de ce côté, sans s'apercevoir seulement qu'on entrait de l'autre ; là, toujours agenouillée, et penchée au bord de la fenêtre, elle vit le comte s'éloigner lentement vers la Loire, et disparaître en lui jetant un dernier regard... Alors, il ne lui resta plus de force que pour presser son enfant sur son cœur ; elle s'affaissa entièrement sur elle-même, comme si elle allait défaillir, et demeura ainsi, sans mouvement et sans voix, pendant que Charles de Blois la considérait en silence...

— Pauvre femme! dit-il enfin en hochant tristement la tête.

Puis, se tournant vers le duc de Normandie et lui parlant à l'oreille :

— Monseigneur, ajouta-t-il avec un accent de compassion, laissons la liberté à cette mère et à cet enfant; que pouvons-nous avoir à craindre de leurs larmes ?

— Rien, en effet! répondit le duc de Normandie ; qu'il soit donc fait, mon cousin, selon le bon plaisir de votre clémence.

Alors, tous deux s'avancèrent vers la comtesse, et la relevèrent doucement de la main. Mais elle n'eut pas besoin de leur secours pour retrouver ses forces, car à peine les eut-elle reconnus qu'elle se redressa fièrement.

— Charles de Blois! Jean de Normandie! murmura-t-elle en portant son regard de l'un à l'autre. — Que me voulez-vous, messeigneurs? poursuivit-elle à haute voix, croisant ses bras frémissants sur son fils, comme si elle eût été menacée de se le voir ravir.

— Madame, répondit Charles de Blois, nous venons vous annoncer que vous êtes libre. Vous pouvez quitter Nantes avec votre enfant, et choisir telle escorte qu'il vous conviendra.

— Je vous remercie, messeigneurs, dit Jeanne; je vais donner mes ordres en conséquence à maître Salomon Creff-Will.

Le duc de Normandie se retira, étonné du ton qu'elle avait pris pour lui parler, et Charles de Blois le suivit en se retournant vers Jeanne, et en murmurant encore avec bonté : — Pauvre femme!

Le mot parvint, cette fois, aux oreilles de la comtesse, et couvrit son front d'une rougeur ardente.

— Pauvre femme! répéta-t-elle amèrement; ils m'appellent pauvre femme! Oh! c'est qu'ils m'ont vue pleurer! ajouta-t-elle en essuyant brusquement ses yeux; c'est qu'ils m'ont surprise ici défaillante, et ils croient que mes pleurs sont mes seules armes. — Eh bien! c'est ce que nous verrons, messeigneurs! continua-t-elle avec force, — une main tendue vers la porte que venaient de quitter les princes, l'autre appuyée sur la tête de Jehan de Montfort.

Au même instant, elle se tourna de mon côté, et je ne pus m'empêcher de reculer de surprise... Ce n'était plus la femme que je venais de voir abattue sous la douleur; c'était une autre femme que je reconnaissais à peine. Le feu qui s'échappait de ses yeux avait séché toutes ses larmes. Son front s'était armé d'une majesté inconnue; son geste était ferme et sa voix imposante ; sa taille semblait avoir grandi par enchantement !

— Salomon, dit-elle, d'un ton qui me fit tressaillir, va trouver dans la ville tous ceux qui me sont encore fidèles, dis-leur de se réunir avant une heure à la porte du Nord, et quand ils seront au rendez-vous, reviens m'avertir et me chercher.

Une heure après, nous étions cent hommes au lieu convenu. C'était là, — tant la trahison marche vite ! — toute l'armée qui restait dans Nantes au conquérant de la Bretagne. Encore, cette troupe sans armes ressemblait-elle à un cortége d'amis et de serviteurs, plutôt qu'à une escorte de chevaliers et de soldats. Mais, si nos rangs étaient peu nombreux, le dévouement et l'intrépidité centuplaient nos forces, et nous avions tous dans l'âme cet enthousiasme ardent, dont l'exemple ranime les lâches et fait revenir les infidèles. Montée sur un cheval, qu'elle guidait comme le meilleur écuyer, la comtesse arriva bientôt au milieu de nous. La même surprise qui m'avait saisi frappa soudain tous ceux qui la virent. Le changement qui s'était opéré en elle encore était plus complet et plus étonnant, et il avait passé jusque dans son costume, qui était d'une sévérité presque militaire. Vêtue d'une simple robe bleue, serrée à la taille par une écharpe, elle avait sur la tête un chaperon de velours noir, ressemblant à un casque de chevalier. Une dague était passée à sa ceinture, et une épée pendait à l'arçon de sa selle. D'une main, elle soutenait son fils assis devant elle; de l'autre, elle maniait la bride de son cheval. A la fierté de son attitude et à l'éclat de son regard, chacun crut revoir le comte de Montfort, et se rangea autour d'elle comme autour d'un capitaine. L'illusion fut si générale, que notre cri de guerre s'échappa de toutes les bouches.

— Bretagne! Bretagne et Montfort! dirent nos cent voix réunies en une seule; et la comtesse, nous montrant son fils, répéta avec nous : Bretagne et Montfort!

Ce fut notre adieu à Nantes, et nous partîmes pour Rennes. Notre troupe se grossit en marchant de tous les soldats que nous rencontrâmes. A trois lieues de Nort, huit cents hommes se trouvèrent devant nous : c'était un renfort que messire Guillaume de Cadoudal, commandant de Rennes, envoyait au comte. A la vue de la comtesse, ils reculèrent d'effroi, et demandèrent ce qu'était devenu Montfort.

— Montfort est prisonnier au Louvre, répondit Jeanne; mais voici son fils, Jehan, qui le remplacera un jour!

— Vive Jehan de Montfort! crièrent

les huit cents braves en brandissant leurs épées.

Et tournant bride à l'instant même, ils reprirent avec nous le chemin de Rennes.

Trois fois pareille rencontre se renouvela, et trois fois elle eut le même succès. S'arrêtant, le long de la route, à chaque manoir et à chaque ville, la comtesse se fit ouvrir toutes les portes, et gagna tous les cœurs à sa cause.

— « Mes amis, disait-elle à ses partisans,
» ne vous défiez de la grâce de Dieu! Nous
» sommes grandement infortunés, sans doute,
» de ce qui est advenu en la personne de
» mon seigneur; mais il m'a donné pouvoir
» de vous rassurer, et de vous amener son
» fils, en attendant qu'il sorte de là où il
» est, tôt ou tard, et qu'encore le voyions
» sain et sauf. Adonc prenez cœur, et ne
» veuillez abandonner celui qui a mis toute

» sa confiance en vous et en votre loyauté.
» Et, si Dieu nous défavorisait tant, que mon
» seigneur restât captif, je mets sous votre
» garde son héritier légitime, de son sang,
» nourri sous espérance qu'il sera un jour
» homme de bien et de valeur, et, croissant,
» rétablira la perte de son père, malgré les
» ennemis qui lui prennent à cette heure
» son duché*. »

Puis, à ceux qui, trop frappés de son malheur ou de ses périls, désespéraient de sa cause ou hésitaient à la suivre :

— « Ha! ha! messires! criait-elle, relevant
» leur courage, ne vous ébahissez mie de
» mon seigneur que nous avons perdu. Ce
» n'estoit qu'un homme! Véez-ci mon petit
» enfant, qui sera, si Dieu plaist, son res-
» torier, et vous fera des biens assez, je

---

* Hist. de Bret., par d'Argentré, page 400.

» vous jure ! Et en attendant, j'ay de l'avoir
» à planter (en abondance), donc vous en
» donneray, messires, et vous pourchas-
» seray tel capitaine par quoy serez récon-
» fortés*! »

Enfin, au petit nombre de seigneurs et de chevaliers qui l'écoutaient avec indifférence, ou qui cachaient peut-être sous un dédain simulé leur secrète envie de passer aux vainqueurs :

— « Ne souriez point, messires, disait-elle
» fièrement, ne souriez point aux veste-
» ments légiers qui me couvrent et au petit
» âge de l'enfant qui est avec moi. Sous ces
» vestements de femme bat, possible, un
» cœur de chevalier, et sur ce blond chef
» reluira un jour la couronne de Bretagne !
» voire, s'il le faut, cette robe deviendra

* Froissard, tome Ier, page 89.

» une cuirasse, cette coiffe un casque, cet
» enfantelet un homme. Et verront lors
» trop tard ceux qui auront dit : pauvre
» femme et pauvre enfant! qu'il n'est sage
» de lâcher la lionne et son petit, et que
» toutes mains sont bonnes à la victoire!
» Or, sur ce, messires, au revoir vous
» dis, tant que le jour advienne de vous
» monstrer que Montfort sera toujours Mont-
» fort! »

Elle visita ainsi, l'une après l'autre, toutes les places où le comte avait établi garnison. Elle laissa à ceux-ci des renforts, à ceux-là de l'argent, à tous du courage. Elle paya les soldes arriérées et passa les revues en personne; prépara partout, aux princes qui croyaient l'avoir renvoyée à ses fuseaux, des difficultés terribles à vaincre et des batailles sanglantes à livrer, et arriva enfin aux portes de Rennes, où elle fut reçue en triomphe avec son fils...

Creff-Will en était là de son récit, écouté avec un intérêt croissant par ses hôtes, lorsque le bruit qui n'avait frappé jusqu'ici que lui seul, arriva cette fois à l'oreille de ses auditeurs. Tout le monde distingua des pas de chevaux s'approchant du manoir, et chacun regarda son voisin avec un pressentiment particulier. Seule indifférente à cette remarque générale, grâce à son infirmité personnelle, la vieille Berthe, qui se faisait résumer par le père Auffroy l'histoire de Jeanne de Montfort, à mesure que l'écuyer la racontait, continua d'interroger celui-ci d'un ton de curiosité impatiente, qui prouvait combien elle prenait peu de part à l'interruption qui avait lieu :

— Eh bien! demanda-t-elle en coudoyant le chapelain, est-ce que la comtesse est demeurée à Rennes?

— Non, damoiselle, répondit gravement Creff-Will, qui oublia, dans sa préoccupation, que la noble personne ne pouvait l'entendre. — Non, messeigneurs, reprit-il, réparant cette distraction, Jeanne de Montfort n'est point restée à Rennes; elle a continué de parcourir le duché de son mari. Pendant que Charles de Blois et Jean de Normandie, réveillés en sursaut de leur sécurité compatissante à l'égard de cette mère et de cet enfant inoffensifs, se reprochaient trop tard, comme elle l'avait prédit elle-même, d'avoir lâché la lionne et son petit sur la Bretagne, elle s'est rendue de Rennes au château de Brest, où elle a confié les trésors du comte à messire Tanneguy du Chastel, et poursuivant sa marche intrépide le long de la côte Armorique...

Ici Creff-Will fut interrompu tout-à-coup

par le son vibrant et articulé d'un cor, qui, partant de la porte du manoir, ébranla les vieilles tapisseries de la salle, et fit lever à la fois, comme un seul homme, toute la noble famille des Spinefort...

— Eh bien? dit Caverley en arrachant sa main blessée de son pourpoint, et en serrant avec une impatience convulsive le bras de son écuyer.

— Eh bien! reprit lentement Creff-Will, tout pâle de l'émotion qu'inspiraient ses paroles, Jeanne de Montfort est arrivée jusqu'à la porte du château d'Hennebond, et elle m'a envoyé demander au sire Olivier de Spinefort si elle peut compter sur son hospitalité!

— Non seulement sur mon hospitalité, s'écria le baron avec une exaltation soudaine; mais sur mon sang et sur ma vie, qui lui appartiennent désormais ! — La trahison de Nantes, ajouta-t-il solennellement, me délie de tout engagement vis-à-vis de Charles de Blois, et je n'ai plus dans la bouche d'autre cri que celui que j'ai toujours eu dans le cœur : Bretagne ! Bretagne et Montfort !

— Bretagne et Montfort ! répétèrent tous les membres de la famille, à l'exception d'un seul.

Anne-Marie se jeta en pleurant de joie dans les bras de son père, tandis que le chevalier lui serrait la main avec une émotion indicible ; et le baron, saisissant la trompette qui pendait au baudrier de Creff-Will, répondit lui-même, par une fenêtre de la salle, à l'appel qui lui avait été fait du dehors.

Aussitôt il manda à haute voix tous les serviteurs et varlets du manoir, sortit à leur tête, avec des flambeaux, jusque sur la plate-forme en face du pont-levis, fit descendre la herse au niveau du sol, et alla au-devant de Jeanne de Montfort...

XIV

Le Conseil de famille.

Un quart d'heure après, il y avait six nouveaux hôtes dans la salle basse du château d'Hennebond ; ces six hôtes étaient : Jeanne de Montfort et son fils ; la fidèle Marcy Holben, qu'on n'est pas surpris de retrouver près de sa maîtresse ; messire Guillaume de Saint-André, chevalier, docteur ès-lois, gouverneur de Jehan de Montfort; le sire Amaury de Clisson, commandant les cinquante hommes d'armes qui escortaient la comtesse; et maître Samuel Tudez, juif espagnol, argentier-avitailleur du comte, suivant la fortune de sa femme.

Pour se retracer le portrait de Jeanne de Montfort, alors âgée de vingt-sept ans, le lecteur doit commencer par oublier, à peu près, l'image de la douce et mélancolique Jeanne de Flandre. Se rappelant ensuite les traits énergiques sous lesquels Creff-Will vient de peindre la comtesse, il pourra laisser à cette grande et majestueuse figure l'éclatante auréole maternelle dont a parlé le baron de Spinefort, et il aura ainsi une idée assez exacte du nouveau caractère de beauté de notre héroïne. Imposante sans hauteur, et grave sans sévérité, ses peines et ses fatigues avaient pâli son visage, mais n'en avaient point altéré les traits. Elle portait les unes et les autres avec un courage simple et naturel, qui prouvait que, si son rôle lui avait coûté à prendre, il ne lui coûtait plus à remplir. On devinait encore, dans l'azur humide de ses beaux yeux, les délicates tendresses de la jeune épousée de Chartres; mais c'était comme un souvenir vague et lointain sommeillant au fond de l'âme, et les lignes plus accusées de sa bouche et de son menton, le profil plus net et plus franc de son nez aquilin, dénotaient avant tout l'élévation des pensées qui occupaient son esprit, l'héroïque piété des sentiments qui faisaient battre son cœur. Ce n'était plus la jeune fille, enfin, avec ses douleurs capricieuses et ses indécisions passionnées; c'était la femme dans la grandeur et la sainteté de ses devoirs, dans l'abnégation de son dévouement, et la responsabilité de ses nobles charges. L'épouse du prisonnier du Louvre avait effacé la fiancée du comte de Montfort. L'éclat lumineux de son front, la lueur suave et brûlante de son regard, étaient devenus des signes d'inspiration et de courage. Les ondulations de sa poitrine avaient plus de régularité et plus de puissance, tous les mouvements de son corps plus de lenteur et d'aplomb. Le divin sourire qui découvrait ses dents d'ivoire ne luisait désormais que pour son enfant...

Marcy Holben était un peu moins blonde et moins rose qu'à Chartres, mais elle avait conservé, par la vertu de sa belle nature flamande, autant de fraîcheur et d'égalité que ses inquiétudes et ses courses pouvaient le permettre. L'œil toujours tourné vers sa maîtresse, comme l'aiguille aimantée vers le nord, elle avait passé du dévouement à l'enthousiasme, et même à une sorte d'imitation. Voyant Jeanne de Montfort s'élever au-dessus de son sexe, elle avait cru de son devoir de s'élever en même temps, et cette naïve prétention se trahissait jusque dans sa toilette, manifestement calquée sur celle de la comtesse. C'était la même simplicité austère et hardie, pour ne pas dire la même apparence belliqueuse, car on sentait que volontiers aussi la suivante eût porté une dague à sa ceinture. Toutefois, l'unique préoccupation de Marcy n'était pas de regarder sa maîtresse et d'avoir l'air d'une héroïne; ses doux yeux avaient un autre pôle moins grandiose, vers lequel ils se dirigeaient à la dérobée : c'était le visage mâle et radieux de Salomon Creff-Will, qui avait évidemment profité de son séjour à Nantes et des facilités du voyage pour ravir à la paisible Flamande la quiétude virginale de son âme.

Amaury de Clisson, digne ancêtre du fameux connétable, était une de ces loyales figures de chevaliers bretons, toujours éclairées d'un sourire galant et respectueux devant les dames, toujours armées d'une expression farouche et menaçante en face de l'ennemi. On reconnaissait en lui, au premier coup d'œil, la double nature des guerriers de ce temps-là ; nature de lion et d'agneau tour à tour, faite pour se baigner dans le sang de vingt hommes sur un champ de bataille, et incapable, au sortir de là, de voir couler les larmes d'un enfant. Clisson était couvert de fer et d'acier, depuis les pieds jusqu'à la tête, et, à l'aisance de ses mouvements sous sa cotte de mailles et ses cuissards, on comprenait qu'il vivait là dedans, jour et nuit, comme le limaçon dans sa coquille.

Guillaume de Saint-André offrait une tête d'un tout autre caractère. A la fois savant légiste et barde éloquent, quoique sa vingt-cinquième année ne fût pas sonnée encore, il portait le sceau de la réflexion sur sa bouche sévère et silencieuse, tandis que le feu de l'inspiration poétique illuminait ses grands yeux glauques. Du haut de son front ouvert, développé surtout vers les tempes, tombaient à profusion, jusque sur ses épaules, de longs cheveux bouclés naturellement, et qui semblaient dorés par le soleil. Son costume, uniformément bleu de ciel, s'harmoniait à merveille avec cette blonde chevelure, et comportait pour tout ornement un large collet de toile blanche, éclairant encore d'un pur reflet sa candide physionomie. Guillaume de Saint-André avait été choisi par Montfort pour gouverner son fils, avant même que le petit Jehan fût au monde, et la comtesse accordait à son tour au jeune maître une confiance justifiée par l'affection de l'élève.

Jehan de Montfort, en effet, par cet instinct qui attache les enfants à ceux qui les aiment, traitait naturellement Saint-André comme s'il eût remplacé son père. C'était toujours sur ses genoux qu'il s'élançait quand il était forcé de quitter les bras maternels, et il n'échangeait point avec d'autres que Guillaume ses touchantes réflexions sur ce qui frappait son cœur ou ses yeux. En entrant, néanmoins, ce soir-là, dans la salle du château, Jehan de Montfort avait fait partager à deux nouveaux favoris la préférence qu'il accordait à son gouverneur. Ces deux favoris étaient Anne-Marie et Jehan de Kergorlay. Anne-Marie avait attiré le jeune comte, parce que tout ce qui est beau attire l'enfance ; Jehan de Kergorlay lui avait plu, parce qu'il était de son âge, et que tous deux n'avaient depuis longtemps pratiqué le proverbe : Qui se ressemble s'assemble. Il est vrai qu'ici les rapports étaient aussi complets que possible, et que les fils étaient assortis par l'âge et la grâce, comme les mères auraient pu l'être par le cœur et la beauté. Tous deux blonds, roses, épanouis, ayant la même taille, et jusqu'au même nom, quiconque les eût vus sans les connaître, les eût pris d'abord pour les deux frères. Ils fraternisèrent donc avec une spontanéité réciproque, et la douce remarque qu'en firent à la fois leurs mères fut entre elles le commencement d'une amitié plus sérieuse.

Mais laissons ces enfants jouer ensemble, et hâtons-nous d'expliquer au lecteur une figure bien plus importante, celle du juif espagnol Samuel Tudez, le trésorier de Jeanne de Montfort. C'est ce grand personnage, en robe noire et en chausses rouges, qui se tient, le bonnet à la main, derrière la comtesse, sur laquelle il fixe un regard si froidement attentif! Samuel Tudez est un homme de quarante ans, qui n'en porte pas plus de trente-deux, et dont le visage frappe, au premier abord, par une beauté toute féminine. Ses cheveux sont d'un noir luisant, son teint d'un blanc mat, ses traits d'une finesse exquise, ses joues et son menton potelés, ses yeux longs et fendus en amande, son nez d'une pureté de lignes faite pour la statuaire. Mais, comme les statues aussi, cette superbe tête est sans expression, ou, si elle en a une, c'est celle d'une indifférence glaciale qui fait mal à voir. Pas une étincelle dans ces grands yeux de jais; pas une lueur sur ce front de marbre poli; pas un frémissement dans ces traits arrangés à plaisir; pas une contraction sur ces lèvres vermeilles, scellées sur deux rangées de dents fines et blanches, comme une agrafe d'or sur un écrin de perles. Malgré l'intelligence élevée qui semble habiter son large crâne, et malgré la supériorité hautaine que dénote son attitude, l'esprit de cet homme paraît absorbé par deux préoccupations futiles ; la première consiste à ne rien perdre de ce qui se dit et se fait autour de lui, la seconde à fixer l'attention de tout le monde sur ses mains, qui sont en effet, d'une forme et d'une blancheur admirables ; elles étalent, pour être mieux remarquées, plusieurs bagues ornées de riches diamants, dont l'un surtout, digne de luire au doigt d'un empereur, étincèle comme une vive étoile sur le sombre costume du personnage.

Tout ce qu'on sait de la vie et du caractère de Samuel Tudez, tout ce que Jeanne de Montfort elle-même en a pu connaître, c'est qu'il est d'origine espagnole, et a quitté le culte israélite pour la religion chrétienne. Joaillier nomade et banquier des princes, comme tous les juifs considérables de ce temps-là, il a offert ses services à Jean de Montfort, quelques années avant la mort de Jean III, et le comte a fait, à ses frais, sa première campagne de Nantes à Limoges. Depuis lors, à moitié par reconnaissance, à moitié par habitude, il l'a gardé près de lui en qualité d'argentier-avitailleur ; et la comtesse, par les mêmes raisons, en a fait son trésorier, ayant eu, d'ailleurs, besoin d'avances pendant son voyage de Nantes à Brest. Le désintéressement complet de Samuel Tudez, en cette circonstance, lui a valu l'amitié irrévocable de Jeanne de Montfort, et voilà comment il a passé au rang des conseillers et des serviteurs intimes dont elle se fait accompagner à travers la Bretagne. Elle est d'autant plus attachée à lui en ce moment, qu'il n'avait pas eu dès l'abord le don de lui plaire, et que sa raison a dû vaincre, pour lui accorder sa confiance, des préventions dont elle s'est accusée depuis...

Le juif, au reste, malgré les avantages de sa personne, est accoutumé à se voir, au premier coup d'œil, mal jugé de tout le monde. Il a pu en trouver une nouvelle preuve dans l'impression causée par son aspect au château d'Hennebond, et principalement dans l'espèce d'effroi, mêlé de répugnance, que sa vue a paru inspirer au sire de Spinefort. Lui-même, en considérant de près le noble châtelain, n'a pu comprimer un tressaillement particulier, et tous deux se tiennent, pour ainsi dire, en observation l'un devant l'autre, comme des ennemis qui essaient en tremblant de se reconnaître...

Quand le baron eut fait servir à souper à tous ces personnages, une conversation générale s'engagea insensiblement entre eux. Malgré l'entière confiance acquise de part et d'autre, cette conversation fut d'abord indécise et entrecoupée de pauses; les rapports du langage s'établissent toujours moins vite que ceux du cœur, et chacun hésitait, en cette circonstance, entre le dévouement et le respect.

Caverley surtout, à qui le rôle de médiateur était échu naturellement, semblait tour à tour oublier ou craindre de le remplir, et s'en acquittait avec des distractions qui l'éloignaient de son but au lieu de l'en rapprocher.

Debout, en face de Jeanne de Montfort et près d'Anne-Marie, il ne quittait pas des yeux la comtesse, et paraissait jaloux de la voir servie par le châtelain. Jeanne, en se retrouvant face à face avec lui, après dix ans de séparation, n'avait pas éprouvé, dumoins en apparence, l'émotion profonde qui l'avait bouleversé lui-même. Un léger tressaillement avait à peine agité la main qu'elle lui avait tendue la première, et quand les lèvres frémissantes du chevalier s'étaient posées sur cette main, la douleur qu'il avait ressentie en y rencontrant l'anneau nuptial n'avait été tempérée par aucun mouvement consolateur. Considérant seulement avec un tendre intérêt la pâleur extrême de son visage :

— Vous avez bien souffert, sir Hugues? lui avait dit la comtesse.

Et il avait reconnu, au ton doux et calme de ces paroles, qu'elles ne faisaient point allusion aux blessures de son âme.

— Oui, madame, j'ai bien souffert! avait-il répondu en retournant le sens des mots. — Je souffre encore! avait-il ajouté plus bas, de façon à ce qu'il fût impossible à Jeanne de s'y méprendre.

Elle l'avait fait, cependant, ou avait paru le faire, car elle avait reparti sans changer de ton :

— Vous m'attendiez pour vous guérir !

Là-dessus, elle avait détourné les yeux, de peur de voir l'expression de ceux du chevalier, et celui-ci se demandait en la considérant :

— Ne suis-je donc plus désormais que son ami ?...

La comtesse sentit l'inconvénient des hésitations de Caverley, pour l'échange d'explications qu'elle avait hâte de faire avec ses hôtes, et mettant d'elle-même la conversation sur un pied de confiance absolue :

— C'est une bonne chose, dit-elle, de trouver des amis dans le malheur, et de se reposer sous un toit fidèle et sûr, après avoir traversé peut-être un pays ennemi !

— C'est aussi une bonne chose, madame,

répondit vivement le baron, de se sentir enfin la conscience délivrée d'un engagement qui pesait au cœur, et de voir sa maison glorifiée et bénie par la présence de sa légitime et belle suzeraine !

Depuis que le châtelain s'était cru libre et avait pris sa résolution, il était passé de la contrainte la plus pénible à l'enthousiasme le plus expansif, et il éprouvait le besoin de dédommager, en quelque sorte, d'une indifférence apparente de trois ans, la sainte cause qu'il était si heureux d'embrasser avec transport. Peut-être aussi un reste de scrupule sur la lettre de son ancien serment, le forçait-il encore de s'étourdir un peu sur l'esprit et la validité du nouveau ; et alors le vieux partisan étouffait, sous les protestations d'un dévouement sincère et national, les derniers murmures improbateurs d'une religion exagérée.

— Vous êtes un vrai Breton, messire! reprit la comtesse, en le remerciant d'un regard qui acheva de l'exalter. Je rends d'autant plus grâce à mon bon génie de m'avoir conduite près de vous, que je ne doute pas que tous vos voisins et vassaux ne vous ressemblent; tant l'exemple de l'honneur a de puissance sur les bonnes âmes!

— Du moment que mon épée vous appartient, repartit Spinefort avec feu, vous n'avez plus un seul ennemi à craindre dans la ville et seigneurie d'Hennebond. Demain, poursuivit-il, vous recevrez l'hommage de tous ceux qui dépendent de moi. Non moins empressés que moi-même à venir renier le parti de la trahison, ils crieront avec nous et comme nous :—Bretagne et Montfort! et je souhaite que tous vos partisans, madame, poussent ce cri aussi franchement et loyalement qu'eux...

En parlant ainsi, le châtelain regarda involontairement Samuel, et un nuage de rougeur sembla passer sur la face du juif.

— Soyez tranquille, baron, répondit Jeanne ; il y a un proverbe de chevalerie qui assure que les traîtres épargnent les femmes ; et, la perfidie ne pouvant entrer dans notre cause par nous-mêmes, Dieu et Sainte-Marie ne permettront pas qu'elle y soit jamais introduite par les autres. D'ailleurs, reprit-elle avec une bonté gracieuse, se tournant vers son trésorier, j'ai là un oracle qui me garantit contre toute surprise de ce genre...

— Ah ! dit le baron, et comment cela ?

— Maître Samuel, poursuivit Jeanne sur le même ton, est un magicien fort savant et fort habile...

— Un magicien ! répéta Spinefort, qui devint pensif.

Ce mot avait jeté dans son esprit une sinistre lumière, et donné, pour ainsi dire, un corps aux vagues soupçons qu'il est temps d'expliquer. L'impression fâcheuse, produite par la vue de Samuel sur le baron, ne venait pas seulement de ce que celui-ci avait pu trouver de louche et de glacial dans la physionomie du juif; c'était l'effet d'une cause beaucoup plus grave, quoique aussi mystérieuse, et cette cause était une lointaine réminiscence du châtelain. Il lui avait semblé qu'il ne rencontrait pas Samuel Tudez pour la première fois, et, sans se rappeler clairement où il l'avait déjà vu, il soupçonnait que c'était dans une circonstance qui ne faisait pas honneur au juif. Quelle pouvait être cette circonstance? c'est ce que le baron demandait vainement à sa mémoire, lorsque le magicien était venu réveiller ses souvenirs. En traversant Rennes, pendant les fêtes du mariage de Charles de Blois et de Jeanne de Penthièvre, Spinefort s'était trouvé, par hasard, à une réunion de seigneurs et de dames de Bretagne, auxquels un certain juif, se donnant pour un illustre sorcier, débitait des prédictions et des horoscopes, touchant les événements qui intéressaient alors tout le monde. Au ton, aux manières, et surtout aux paroles du prophète, le baron avait deviné d'abord un agent secret de Philippe de Valois, chargé de travailler les esprits superstitieux, au détriment du comte de Montfort. Il l'avait dès lors écouté avec autant de distraction que de mépris; mais il avait observé attentivement sa figure, afin de pouvoir la reconnaître dans l'occasion. Il se rappelait, en effet, que le magicien de Rennes avait une grande taille et un charmant visage, déguisé par une longue barbe noire, qui lui avait paru fausse comme son caractère. Or, en rapprochant cette image de la physionomie féminine de Samuel Tudez, le châtelain trouvait entre l'une et l'autre des rapports effrayants, et ses soupçons se changeaient en inquiétudes d'autant plus sérieuses, que Jeanne de Montfort, comme on l'a dit, accordait toute sa confiance à son trésorier.

— Oui, messire, reprit-elle, maître Samuel est un homme aussi terrible pour mes ennemis que précieux pour moi-même. Il lit, dans les mains de tous ceux qui m'entourent, leurs pensées et leurs projets à mon égard, et si un félon se glissait dans notre bataillon fidèle, il le découvrirait et le démasquerait à l'instant.

La comtesse avait prononcé ces paroles assez légèrement pour prouver qu'elle attachait peu d'importance à la science fatidique de Samuel Tudez; elle fut donc surprise de se voir écoutée par son hôte beaucoup plus sérieusement qu'elle ne lui avait parlé.

— Ce que je dis là vous étonne, baron? lui demanda-t-elle avec une douce ironie.

— Non, madame, répondit le châtelain; mais cela me rend jaloux.

— Jaloux, messire! et comment donc?

Spinefort comprit que, pour dissimuler son stratagème et découvrir la vérité, il était indispensable de prendre la chose sur le même ton que la comtesse. Ce fut donc en souriant à son tour qu'il répondit:

— J'ai aussi la prétention d'être magicien, madame, et je serais un rival d'autant plus dangereux pour maître Samuel, que je crois pouvoir lire dans les yeux ce qu'il ne lit que dans les mains.

— Vraiment? dit Jeanne de Montfort, heureuse de voir la conversation s'animer.

Toute la famille du baron ne put retenir

un mouvement de surprise, et, le sachant aussi peu sorcier que soi-même, chacun se demanda où il voulait en venir. Il profita de cette agitation pour jeter un nouveau regard au juif ; mais, soit ignorante bonne foi, soit dissimulation profonde, la figure de celui-ci demeura complétement impassible. Cette remarque ébranla la résolution du châtelain, sans détruire ses fatales défiances.

— Voyons! poursuivit la comtesse, empressée de provoquer par sa franchise celle de son hôte ; donnez-nous une preuve de votre savoir, messire, en nous disant à tous ce que nous pensons en ce moment.

C'était là que voulait arriver le baron, pour faire son épreuve sur le trésorier. Il allégua la crainte de paraître indiscret, afin de se faire accorder le droit de l'être réellement, et Jeanne de Monfort se hâta de le mettre à l'aise, en le priant de commencer par elle-même.

Elle se tourna en même temps vers lui, d'un air de gravité souriante, et le laissa lire, aussi long-temps qu'il lui plut, au fond de ses beaux yeux mélancoliques.

— Avec vous, madame, dit Spinefort, ma tâche est facile, et il n'est pas besoin de sorcellerie pour deviner ce qui se passe en votre âme.

Ayant reporté ainsi la pensée de la comtesse vers son époux et son fils, il poursuivit à coup sûr, tandis qu'elle retenait un soupir :

— Au fond de cette âme généreuse, je vois deux saintes images : celle d'un auguste captif, dont vous convertirez les chaînes en couronne d'or, et celle d'un enfant cher et sacré, dont les larmes feront germer des héros!

Jeanne répondit au baron par un serrement de main sympathique. Elle prit son fils des bras de Guillaume de Saint-André, pour le presser contre son cœur ; et Caverley, détournant péniblement les yeux, tressaillit en rencontrant ceux d'Anne-Marie...

— Quant aux serviteurs qui vous entourent, madame, poursuivit le châtelain, désignant Clisson, voici d'abord un noble capitaine dont le regard m'indique clairement la pensée. Il songe que, s'il est doux de veiller sur votre personne en ce château, il serait plus doux encore de tirer l'épée pour vous quelque autre part, et il se demande quand viendra l'heureux jour où les champs de bataille se rouvriront, au nom de Montfort.

— Sur mon âme, voilà qui est vrai ! s'écria Clisson.

Et, frappant avec force sur ses cuissards, il fit rendre à toute son armure un cliquetis belliqueux.

Spinefort passa à Guillaume de Saint-André et à Marcy Holben, afin d'arriver naturellement à Samuel Tudez ; mais, soit que celui-ci vît venir son tour avec impatience, soit qu'il voulût annuler le péril à force d'audace, il épargna au châtelain les difficultés de la transition, en allant de lui-même au-devant de l'examen.

— Messire baron, dit-il avec un aplomb qui déconcerta Spinefort, je vous trouve un peu courtois et flatteur pour un homme qui lit au fond des âmes, et je vous prie de lire le bien comme le mal dans la mienne, afin de montrer que vous n'êtes pas un sorcier de magie blanche.

L'amertume de cette allusion rendit au châtelain tout son sang-froid. Fort de la loyauté de ses intentions, et décidé à se compromettre, s'il le fallait, pour sa suzeraine, il fixa, en déguisant toujours sa préoccupation par un sourire, son œil vif et pénétrant sur ceux du juif espagnol.

Après l'avoir observé ainsi pendant plusieurs minutes, sans venir à bout de lui arracher un sourcillement :

— Maître Samuel, lui dit-il, je crois ne pas me tromper sur le sentiment que je lis en ce moment dans vos yeux.

— Un sentiment! répéta le juif d'un air sceptique.

Et chacun sembla exprimer le même doute du bout des lèvres, tant le mot en question s'appliquait difficilement à l'âme froide et métallique de l'argentier!

— Je parle d'un sentiment de crainte, reprit le baron.

— Ah! fit Samuel Tudez, qui se redressa avec surprise.

Et tout le monde se détourna par un mouvement contraire, comme si la dernière supposition du châtelain eût rendu sa prophétie plus vraisemblable.

— Oui, poursuivit le châtelain, sans quitter des yeux le trésorier, je pense que vous redoutez, à l'heure qu'il est, une chose fâcheuse et inattendue...

— Laquelle ? demanda imperturbablement l'Espagnol.

— C'est, répondit Spinefort, que je ne vous prenne pour un certain juif que j'ai vu à Rennes, il y a trois ans et demi, et auquel, (sauf la grande barbe qu'il portait et l'emploi tout opposé qu'il faisait de ses talents) vous ressemblez d'une façon si prodigieuse, que l'œil le plus exercé ne peut manquer de s'y méprendre.

L'effet de ces paroles, articulées lentement, devait être pour le baron une révélation terrible. Son embarras fut donc aussi extrême que son étonnement, lorsqu'il vit

Samuel Tudez, loin de se troubler, échanger un sourire d'intelligence avec Jeanne de Montfort.

— Ce juif, demanda très paisiblement l'Espagnol au châtelain, n'exerçait-il pas la sorcellerie, devant une réunion de dames et de chevaliers?

— C'est ce que j'avais à vous dire.

— Et il faisait de belles prophéties sur l'avenir de la Bretagne, à propos de la succession prochaine du bon duc Jean III?

— Prophéties tout à l'avantage de Charles de Blois, à qui elles annonçaient les plus brillantes destinées.

— Précisément, dit Samuel.

Et il regarda encore la comtesse en souriant, tandis que le châtelain stupéfait se demandait ce que cela voulait dire.

— Eh bien, messire, reprit le trésorier, je vous félicite sincèrement, non pas de votre science fatidique, mais de votre excellente mémoire. Je crains d'autant moins d'être pris pour le juif magicien de Rennes, que ce juif, en effet, n'était autre que moi-même, procédant comme vous, par la sorcellerie, à certaines découvertes politiques... Seulement, j'avais dans mon art plus de succès que vous n'en obtenez, messire ; car vous voyez qu'en croyant deviner sous ma robe un traître à la cause de Montfort, vous n'y avez réellement qu'un partisan plus ancien que vous ; au lieu que moi, quand je vous ai soumis, il y a trois années, à mes épreuves astrologiques, je ne me suis pas trompé en augurant de votre attachement futur à Jean de Montfort, par le peu d'effet que produisaient sur vous mes prétendues prédictions pour Charles de Blois.

La comtesse appuyant d'un assentiment amical les paroles du trésorier, le châtelain, tout en se félicitant en lui-même de n'avoir pas parlé plus sérieusement, ne put répondre que par des excuses à une explication aussi imprévue; mais, quand Samuel Tudez, s'approchant de lui, vint l'assurer, en lui tendant la main, qu'il était sans rancune, il crut remarquer, sur le froid visage du juif, une expression de vengeance dissimulée, et ses premiers soupçons passant alors à l'état de défiance personnelle :

— Espion de Blois ou agent de Montfort, se dit-il, cet homme m'est suspect, et je le surveillerai de près!...

Cet incident, dont les conséquences se retrouveront un jour, n'eut pas pour le moment d'autres suites; et Jeanne de Montfort se hâta d'y faire diversion, en prenant à part le sire de Spinefort.

— Baron, lui dit-elle, rien ne manque à la preuve de votre dévouement, pas même l'exagération du zèle. — Elle sourit doucement, en faisant cette allusion à ce qui venait de se passer, et empêcha Spinefort de renouveler ses excuses. — Je vous regarde donc désormais comme un des plus sûrs et des plus fermes soutiens de ma cause, et je veux vous en donner la certitude, en vous confiant des projets que personne ne connaît encore. Nous allons tenir, à ce sujet, un conseil de famille, où vous aurez votre voix, ainsi que tous les vôtres, et après lequel, avec sir Hugues de Caverley et le seigneur de Clisson, vous choisirez entre les missions diverses qui seront offertes à votre loyauté.

— C'est à vous de choisir entre nous, madame, et de disposer de notre vie, s'il le faut, répondit le châtelain. — Je vais donner des ordres pour que tout témoin inutile ou indiscret disparaisse de cette salle, et pour que votre appartement soit en état de recevoir monseigneur Jehan de Montfort.

En moins de cinq minutes, le quart des assistants eut quitté la salle basse. Emporté par Marcy, et suivi de quatre varlets de garde, sous la conduite de Creff-Will, le futur duc de Bretagne alla se livrer au sommeil qui commençait à fermer ses blondes paupières. Damoiselle Berthe de Spinefort comprit avec peine qu'il fallait en faire autant, émerveillée qu'elle était de tout ce qu'elle voyait et entendait depuis deux heures. Le père Auffroy Kerily l'accompagna, emmenant avec lui Jehan de Kergorlay; et Anne-Marie se disposait à terminer la marche, lorsqu'elle fut retenue par un geste de Jeanne de Montfort.

— Vous pouvez rester, madame, lui dit affectueusement la comtesse, qui avait remarqué la chaleur de son dévouement à la bonne cause; vous aurez aussi votre voix à donner, j'espère, et peut-être votre mission à recevoir.

La jeune femme demeura d'autant plus volontiers, que cette mystérieuse annonce de grands projets commençait à effrayer son amour. Elle retourna instinctivement près de sir Hugues, qui rougit en la voyant revenir, et elle attendit avec un frémissement secret l'ouverture du conseil de famille.

Après avoir jeté un dernier coup d'œil autour de la salle, le baron songea enfin à Tanneguy, qu'il avait complétement oublié depuis deux heures. Un tel adversaire de Jeanne de Montfort n'avait certes pas assez d'importance pour être redoutable en lui-même; mais plus que personne il pouvait devenir dangereux par indiscrétion, et l'arrivée de la comtesse au château ne devait être annoncée à la ville que par le châtelain lui-même. Spinefort voulut donc savoir où était son neveu, et envoya deux varlets de garde à sa recherche. Les deux varlets revinrent au bout de cinq minutes, annonçant que Tanneguy s'était retiré dans sa chambre.

— A la bonne heure ! dit le baron, il a prévenu mon désir ; mais, pour qu'il s'y conforme jusqu'au bout, voici ce que vous allez faire. Remontez aussitôt près de lui de ma part ; vous lui demanderez s'il n'a besoin de rien, d'ici à demain midi. Sur sa réponse, l'un de vous remplira ses volontés, pendant que l'autre gardera sa porte, puis vous l'enfermerez à triple tour dans sa chambre, dont vous m'apporterez la clef.

Les deux varlets sortirent de la salle, et revinrent bientôt annoncer au baron qu'il était obéi.

— Bien! dit-il, en serrant dans son pourpoint l'instrument qui lui garantissait la discrétion de Penarvan.

Puis, ayant ordonné aux varlets de fermer les portes de la salle, et de faire bonne garde au-dehors, il annonça à Jeanne de Montfort qu'elle pouvait parler sans crainte.

La comtesse avait éloigné de la table le fauteuil où elle était assise. Les six membres de son conseil improvisé se tenaient debout devant elle : Clisson, Samuel et Saint-André à droite; Spinefort, Caverley et Anne-Marie à gauche. Tous avaient la même attitude et la même expression de visage, à l'exception du chevalier et de la jeune veuve. Le chevalier, considérant toujours Jeanne de Montfort avec une inquiétude mêlée d'espérance, oubliait dans cette contemplation le monde entier, et jusqu'à ses propres blessures; car on voyait sa main gauche s'agiter convulsivement dans son pourpoint, comme si elle eût voulu arrêter les battements de son cœur ou presser quelque objet sacré contre sa poitrine. La jeune veuve regardait aussi la comtesse avec une admiration combattue par la crainte : toute prête à lui donner sa vie, s'il le fallait, elle tremblait vaguement qu'on ne lui enlevât sir Hugues.

— Mes seigneurs, dit Jeanne, ou plutôt mes amis, puisque tel est le titre que vous méritez tous (elle appuya sur ce mot, en observant Caverley), voici les trois grands projets qui m'ont amenée à Hennebond, et pour lesquels je réclame vos conseils et votre assistance. Je veux mettre mon fils en sûreté, dans des mains loyales, loin des ennemis qui se repentent d'avoir épargné ses jours; je veux arracher de sa prison mon seigneur Jean de Montfort, pour le rendre aux fidèles Bretons, dont la trahison l'a séparé. Enfin, je veux envoyer demander au roi d'Angleterre les secours qu'il nous a promis contre Philippe de Valois. — Ces trois projets ont-ils votre approbation, messeigneurs, et ne voyez-vous aucun inconvénient à les tenter tous trois ensemble?

— Aucun, répondirent les six voix en une seule.

— Alors, mes amis, reprit Jeanne, il s'agit de nous partager ces missions différentes. Commençons par la plus importante et la plus pressée, la garde de Jehan de Montfort.

— Je la réclame, madame! dit le châtelain.

— J'allais vous l'offrir, baron! repartit la comtesse. Anne-Marie me remplacera près de mon fils, ajouta-t-elle, en tendant la main à la jeune femme ; Jehan de Montfort et Jehan de Kergorlay sont faits pour être frères, et tous deux apprendront à s'aimer l'un l'autre, comme leurs mères s'aiment déjà entre elles.

— Merci, madame, merci! s'écria la veuve, qui se précipita aux pieds de Jeanne, couvrant sa main de baisers et de larmes. Je saurai mériter tant de bonheur et tant de gloire à la fois ; votre fils sera chéri comme le mien, et vénéré comme notre maître !

— Contentez-vous de le chérir, Anne-Marie, reprit la comtesse avec un sourire maternel. Le pauvre enfant aura surtout besoin de vos caresses, privé qu'il sera pour la première fois des miennes, et messire Guillaume de Saint-André restera près de vous, pour continuer ses soins à son élève.

Le jeune gouverneur s'inclina respectueusement, en jetant un regard timide et tendre à la dame de Kergorlay, et tout le monde se hâta d'applaudir au choix de Jeanne de Monfort, sauf Amaury de Clisson, qui eût trouvé plus prudent d'envoyer le jeune comte en Angleterre. Mais Samuel Tudez réfuta cette opinion avec une vivacité qui étonna Spinefort, en démontrant que le fils de Jeanne ne devait pas quitter la Bretagne, et qu'il ne pouvait trouver nulle part un abri plus sûr qu'au château d'Hennebond.....

Le baron ne put s'empêcher de témoigner, par un coup d'œil, sa reconnaissance au trésorier, et pourtant il se demanda encore intérieurement si quelque intérêt suspect ne dictait point les paroles de cet homme...

— Restent le voyage à Paris et le voyage à Londres, messires, poursuivit la comtesse.

Qui de vous veut me suivre dans le premier, et accepter mes pleins pouvoirs pour le second?

Au commencement de cette phrase, chacun fit un mouvement; chacun, aux derniers mots, s'arrêta silencieux.

— Que faites-vous, Caverley? dit vivement Anne-Marie à sir Hugues, qui s'était avancé vers Jeanne avec tous les autres. Dans l'état de faiblesse où vous êtes encore, pouvez-vous songer à quitter ce château, et votre place n'est-elle pas plus que jamais près de moi... jusqu'à l'entière guérison de vos blessures?

Malgré les efforts du chevalier pour ne pas entendre cette voix, elle parvint jusqu'au fond de son cœur, et le bouleversa cruellement. Il devint si tremblant et si pâle, qu'il dut s'appuyer à la main d'Anne-Marie, et ce fut seulement au bruit de la parole vibrante de Clisson qu'il retrouva les forces de son esprit et de son corps.

— Madame, disait le chevalier breton à la comtesse, j'espère que ma place sera à vos côtés, quelque part que vous portiez vos pas ; et, en vous conduisant près de mon seigneur Jean de Montfort, je ne ferai que continuer la mission que j'ai remplie jusqu'à ce moment.

— Pardon, sire Amaury, interrompit brusquement Caverley, je crois que ce n'est pas à vous qu'il convient d'accompagner la comtesse à Paris.

— Pas à moi! dit Clisson étonné. A qui donc pensez-vous, sir Hugues, qu'il faille confier ce soin délicat ?

— J'ose le réclamer pour moi, messire, poursuivit Caverley,... si madame daigne m'en octroyer l'honneur, ajouta-t-il en se tournant vers la comtesse.

A ces mots, Jeanne de Montfort, Anne-Marie, Clisson et Spinefort tressaillirent tous ensemble, et regardèrent avec surprise le chevalier anglais. Les deux femmes surtout l'observèrent attentivement, chacune à sa manière; la première, debout et ferme en face de lui, le dominant d'un œil sévère et impassible; la seconde, retirée à l'écart, et l'épiant par derrière, d'un air de méfiance et d'angoisse indéfinissable. Se possédant trop peu pour prendre garde aux autres, Caverley ne cherchait dans les yeux de Jeanne que la réponse à ses paroles; et cette réponse eût dû lui rendre la vie ou lui donner la mort, qu'il ne l'eût pas attendue avec une impatience plus douloureuse.

— Messire Hugues, dit la comtesse en appuyant sur chaque syllabe, si vos sentiments pour moi sont tels que je les désire et les suppose, loin d'avoir aucune raison de refuser ma confiance au premier frère d'armes de Montfort, je me mettrai sous votre sauvegarde avec la sécurité la plus douce.

— C'est me rendre justice, madame ! s'écria Caverley dans un transport chevaleresque.

Et peu s'en fallut qu'il ne tombât aux genoux de la comtesse, pour baiser la main qui s'était avancée vers lui.

— Mais je crains, messire, reprit Jeanne, que votre dévouement ne soit au-dessus de vos forces, et que les blessures reçues par vous, près du mari, ne vous permettent pas encore de risquer votre vie pour l'épouse.

— Mes blessures sont guéries, madame ! repartit le chevalier en s'exaltant de plus en plus.

Et l'effort qu'il fit pour retirer sa main

de son pourpoint amena sur ses joues une pâleur qui ne fut remarquée que d'Anne-Marie...

— Il y a des circonstances, poursuivit-il, qui feraient renaître les morts ; à plus forte raison, doivent-elles ranimer les vivants ! Je vous prouverai, madame, que je le suis assez pour vous suivre et vous défendre ; et toutes les lances dont j'ai garanti Montfort, au Guildo, dussent-elles se tourner contre votre poitrine, elles trouveraient encore, dans la mienne, un bouclier qui arrêterait l'épée de Saint-Georges !

Entre hommes de cœur, l'exaltation est contagieuse. Amaury de Clisson, en entendant Caverley parler ainsi, sentit le besoin d'élever la voix sur le même ton.

— Par saint Nicolas ! s'écria-t-il, la comtesse n'ignore pas que tous ses serviteurs sont prêts à lui donner leur vie ; mais grâce à

Dieu, il n'y a ici, ni pour eux, ni pour elle, aucuns périls de mort, ou du moins s'il en existe, ils sont assez éloignés pour qu'on les prévienne. Il s'agit simplement de savoir qui sera le compagnon de madame à Paris, et qui sera son ambassadeur à Londres. Eh bien! messeigneurs, à moins que le choix ne soit déjà fait, je soutiens que la place de sir Hugues est à Londres, et que la mienne est à Paris. Sir Hugues est Anglais; nul, mieux que lui, ne trouvera le chemin de l'Angleterre. Il a reçu du roi Edouard de grandes faveurs, et il connaît particulièrement ses courtisans et ses capitaines; il aura plus d'éloquence pour déterminer le monarque à remplir sa promesse, plus de moyens d'amener en Bretagne la fleur des chevaliers anglais! Que sir Hugues parte donc pour l'Angleterre, et me laisse accompagner la comtesse à Paris.

— Assurément, reprit Caverley, je n'aurais pas de peine à obtenir d'Édouard III l'exécution de sa parole; mais chacun peut l'obtenir aussi facilement que moi-même ; je dois le déclarer à l'honneur de mon roi ! il suffira de lui exposer, en deux mots, les événements de Nantes et la captivité de Montfort; et c'est un soin dont vous vous acquitterez mieux que personne, messire Amaury, ayant été acteur ou témoin de cette malheureuse campagne. Il y aurait péril, au contraire, et pour vous et pour la comtesse, si vous étiez son guide près de Montfort à la prison du Louvre. Elle ne peut y arriver, en effet, et y pénétrer que sans être connue, et le mystère le plus profond assure seul sa sûreté, comme il facilitera seul l'évasion du comte. Philippe de Valois doit être d'autant plus prudemment sévère pour le mari, qu'il a dû trouver le fils de France plus témérairement généreux envers la femme, et, si on lui offrait l'occasion de les attacher l'un et l'autre à la même chaîne, il ne manquerait pas de réparer cruellement la faute de Jean de Normandie. — Dans le voyage et le projet de la comtesse, tout, encore un coup, dépend donc du secret. Or, je vous le demande, messire Amaury, votre seule présence, à ses côtés, ne la trahirait-elle pas malgré vous? Connu depuis des années, non seulement de tous les Bretons qui affluent à Paris, mais encore de la plupart des Parisiens eux-mêmes, comment pourriez-vous leur cacher ou leur déguiser votre visage, et ne pas éveiller immédiatement les soupçons de l'ombrageux Philippe? Vous vous exposeriez donc à perdre la comtesse, au lieu de sauver Montfort, en voulant remplir une mission qui appartient à un autre.

Ces raisons étaient trop concluantes pour que Clisson pût y répondre : leur justesse frappa le baron de Spinefort lui-même, qui s'étonnait, comme sa fille, de la persistance de sir Hugues. Attribuant cette persistance aux justes alarmes, qu'il ne partageait que trop, sur la sûreté de Jeanne de Montfort; voyant, d'un autre côté, Anne-Marie prête à défaillir à la pensée du départ de Caverley, il imagina un excellent moyen de tout concilier et de mettre les deux chevaliers d'accord.

— Messire Hugues, et messire Amaury, dit-il en tendant la main à l'un et à l'autre avec un geste paternel, vous avez tort et vous avez raison tous les deux, et c'est toujours ainsi entre rivaux tels que vous. Vous, Clisson, vous feriez traverser des armées ennemies à la comtesse, en marchant devant elle comme l'ange exterminateur; mais il vaut mieux éviter les périls que de les faire naître, et réserver la bravoure lorsque la prudence doit suffire. Vous, Caverley, vous seriez le plus sûr compagnon de notre souveraine à Paris; mais, trop faible encore pour un si long voyage, quoi que vous puissiez dire, vos forces trahiraient votre dévouement, qui doit trouver ailleurs son emploi. Que messire Amaury parte donc pour l'Angleterre, et que messire Hugues reste ici, à garder Jehan de Montfort; ce sera moi qui conduirai la comtesse près de son mari, si elle veut m'accepter pour guide.

Tout le conseil adopta cet avis par acclamation, à l'exception de deux membres qui demeurèrent silencieux. Le premier fut Anne-Marie, n'osant sacrifier son père à son fiancé; le second fut le chevalier anglais, dont cette contradiction générale acheva d'égarer la tête.

— Y songez-vous bien, baron? s'écria-t-il, sans mesurer la portée de ses paroles, traverser la France, à votre âge, grand Dieu! quand vous me trouvez trop faible pour ce voyage! Accompagner la comtesse au milieu de ses ennemis, sans en connaître un seul, peut-être! et, ne la connaissant elle-même que depuis deux heures, prendre ainsi la responsabilité de sa vie! Mais il faut, pour cette mission, un jeune homme actif et infatigable comme madame! il faut un surveillant prêt à l'avertir, à toute minute, des dangers qui naîtront sous ses pas! il faut un conducteur agile et clairvoyant, qui multiplie sans cesse les détours de sa route! il faut un bouclier toujours tendu pour la couvrir, et une épée toujours levée pour la défendre! il faut un homme, enfin, qui ait à son égard plus que de l'habileté et du dévouement, qui pousse la prévoyance jusqu'à l'inspiration, et l'enthousiasme jusqu'à l'héroïsme; un homme qui lise dans ses yeux ses moindres pensées, qui s'entende avec elle par un regard ou un geste, dont le cœur et l'esprit répondent tacitement à son esprit et à son cœur; un homme qui la protège en l'adorant, comme l'arche sainte et inviolable, qui n'ait d'autre intérêt, d'autre gloire, d'autre bonheur que d'être son gardien, qui oublie, pour se consacrer à elle, son pays, ses amis, sa famille, ou plutôt qui n'ait ni famille, ni pays, ni parents; en un mot, un homme qui lui appartienne corps et âme, et qui vive pour ainsi dire de sa vie!...

Ces paroles étranges, diversement écoutées par le châtelain, la comtesse et la jeune veuve, avaient été prononcées par sir Hugues avec une exaltation qui allait jusqu'au délire. Pendant que son bras droit gesticulait énergiquement, sa main gauche s'était agitée plus que jamais dans sa poitrine... Arrivé aux derniers mots, et en même temps au terme de ses forces, il fit un mouvement si passionné, qu'il faillit perdre l'équilibre... Épuisé par la prolongation de la veille, par ses efforts multipliés pour vaincre sa faiblesse, et surtout par les émotions qui battaient son âme comme une tempête, il sentit une espèce de vertige lui monter au front et un nuage rapide s'abaisser sur ses yeux. S'oubliant sans défaillir tout-à-fait, il s'appuya, de la main droite, à celle du baron, en laissant sa main gauche sortir de son pourpoint, et un objet brillant et soyeux, qu'il tenait entre ses doigts blessés, s'échappa sans qu'il s'en aperçût, et alla rouler aux pieds de la comtesse...

Anne-Marie se baissa aussitôt pour le relever, mais elle fut prévenue par Jeanne, qui s'en empara vivement... La jeune veuve n'eut que le temps de reconnaître un bracelet de soie, brodé d'or, flétri par un long séjour à la place qu'il venait de quitter.

C'était le gage d'amour et de fidélité, que sir Hugues avait reçu, à Gand, de Jeanne de Flandre, dix années plus tôt. Ce bracelet avait suivi le chevalier en Angleterre et en Écosse; puis à Chartres et en Bretagne; et ce soir-là, seulement, il avait juré de le sacrifier avec les derniers souvenirs de son amour... Il ne se doutait pas, le malheureux, que cet amour fût si près de renaître de ses cendres, et dût le rattacher, plus étroitement que jamais, à l'objet sacré qui en était le symbole. C'était pour le serrer contre son cœur, que sa main blessée s'agitait depuis si long-temps dans sa prison; cette pression convulsive et croissante avait fini par détacher le bracelet de la place secrète qu'il occupait dans le pourpoint, et voilà comment il avait pu se trahir un instant aux yeux de tous en échappant aux doigts défaillants du chevalier.

Spinefort, toutefois, et Anne-Marie furent les seuls qui attachèrent de l'importance à cet incident ; encore, le baron n'éprouva-t-il qu'une surprise sans inquiétude, ayant à peine remarqué d'ailleurs le tissu ramassé par la comtesse. Mais la dame de Kergorlay, à qui rien n'avait échappé, sentit alors entrer dans son âme les soupçons poignants qui l'assiégeaient depuis une heure. Quels étaient l'objet et la nature de ces soupçons ? c'est ce qu'elle-même n'aurait pu préciser encore. Mais, rapprochant les paroles et l'action de Caverley de tout ce qu'elle avait observé en lui jusque là, elle tremblait, non plus seulement de perdre sa présence, mais de ne point posséder, comme elle l'avait cru, son amour. Aussi, la vie semblait déjà se retirer de son âme, avec la confiance, et elle frissonnait en regardant Jeanne et sir Hugues, comme s'ils eussent été les arbitres de son sort...

Cependant Caverley avait repris ses sens presque aussitôt qu'il les avait perdus. La première chose qui frappa ses yeux fut son bracelet dans les mains de la comtesse. Il se réjouit d'abord de cet accident qui avait si éloquemment expliqué ses paroles, et confirmant le tout par un coup d'œil non moins significatif, il tendit la main pour reprendre le bracelet. Mais sa douleur égala son étonnement, lorsqu'il vit Jeanne lui répondre par un regard sévère, et serrer le gage illicite dans sa ceinture, en lui faisant signe d'y renoncer pour jamais...

C'était répéter clairement, sous une nouvelle forme, ce qu'elle lui avait fait entendre dès le commencement : — qu'elle était guérie du mal secret dont il souffrait encore, et que l'amant de la jeune fille n'avait plus que l'amitié de la femme...

Pendant que cette certitude pénétrait, comme un fer glacé, dans le cœur de sir Hugues, ses yeux se reportèrent naturellement vers Anne-Marie, le bel ange consolateur de ses chagrins. Il ne put s'empêcher de reculer d'effroi en voyant sa pâleur mortelle. Le délire qui l'avait entraîné si loin céda tout-à-coup la place au remords et à la pitié. Il comprit que, dans l'horrible perplexité où il venait de jeter la jeune femme, un geste pouvait lui rendre la vie ou la lui ôter tout-à-fait. Revenant alors, avec le double courage du désespoir et du repentir, à la raison qu'il avait abandonnée pour une illusion si douce, et tendant une main rassurante à la dame de Kergorlay, tandis qu'il laissait presser l'autre au baron de Spinefort :

— Pardon, mes amis ; — pardon, madame, dit-il lentement ; — je me trompais sur mes forces, en voulant aller à Paris ; cette faiblesse vient à temps m'éclairer sur mon erreur. Partez pour l'Angleterre, messire Amaury ; accompagnez Jeanne de Montfort, baron. Vous disiez vrai, mon cousin ; vous aviez raison, Anne-Marie ; ma place est ici, et j'y reste !...

— A la bonne heure ! s'écria le châtelain, pendant que sa fille respirait en tremblant encore. — Il ne vous reste plus qu'à m'accepter pour compagnon, madame, ajouta-t-il en se tournant vers la comtesse.

Jeanne lui répondit par un sourire affirmatif, après avoir félicité sir Hugues du regard ; puis elle termina la séance en se levant de son fauteuil, et chacun l'escorta jusqu'à la porte de sa chambre.

XV

L'Hôte inconnu.

Le lendemain, dès neuf heures, tous les chevaliers, magistrats, prêtres et bourgeois de la ville d'Hennebond, convoqués au château par leur seigneur, le sire de Spinefort, avaient prêté serment de fidélité à la comtesse, et fait hommage-lige à son mari, comme duc de Bretagne.

Le cri de : Bretagne et Montfort! réveilla toute la cité armoricaine, et y fut répété avec la même ardeur qu'il l'avait été, la veille, au manoir. Chacun voulut voir la nouvelle Penthésilée qui allait faire l'admiration et la terreur de la France, et l'aspect de Jeanne exalta tellement ces braves Hennebondais, qu'ils joignirent aussitôt à leur cri celui de : Hennebond à la belle comtesse! Tous les pères et toutes les mères promirent de veiller sur son fils, comme sur le leur. Tous les jeunes gens adoptèrent Jehan pour frère d'armes, et toutes les jeunes filles pour chevalier. Enfin, un corps d'archers d'élite devint immédiatement sa garde particulière, et s'installa, à ce titre, dans le château, sous les ordres de Guillaume de Saint-André.

Pendant que cette scène se passait dans la chambre de Jeanne, une scène moins bruyante avait lieu tout près de là.

Au milieu de la galerie crénelée, en forme de balcon, qui régnait autour des fenêtres ogives du premier étage, une femme se promenait, seule, pensive et silencieuse. Cette femme était Anne-Marie de Kergorlay. Chassée de son lit, dès la pointe du jour, par une insomnie ardente, elle avait ouvert la croisée de sa chambre, et était venue chercher au-dehors la fraîcheur de l'air. Son agitation, plus encore que sa pâleur, indiquait le trouble profond de son âme. Tantôt, marchant à pas inégaux le long de la galerie, elle passait derrière les créneaux, comme une blanche apparition; tantôt elle s'arrêtait brusquement pour s'accouder sur le balcon de pierre, et plongeait sur la campagne ou sur la ville un regard mélancolique. Alors, elle semblait envier, à l'une son calme, à l'autre son allégresse. Ses yeux s'abaissaient surtout vers les eaux du Blavet, qui, après avoir baigné les pieds du manoir, allaient s'abîmer au loin dans la mer. On eût dit qu'elle aussi eût voulu s'y perdre avec ses anxiétés et ses tristesses, et suivre les voiles blanches et rouges que le vent poussait à d'autres rivages. Souvent encore, elle se tournait de l'autre côté, vers les plaines immenses de Saint-Gilles ou de Pont-Scorff; et, si du sein des blés verts ou des lins dorés, elle voyait surgir les tourelles du couvent de Notre-Dame-de-la-Joie *, elle soupirait avec amertume à cet aspect tranquille et religieux, et se prenait à rêver indéfiniment au bruit des cloches du monastère...

Quelles pensées plongeaient la jeune veuve

* Couvent de filles, de l'ordre de Cîteaux, fondé en 1252. En remontant la rivière du Blavet, à quelque distance d'Hennebond, on voit encore les restes de ce monastère, affecté maintenant à des forges et à des fonderies.

dans ces méditations inquiètes? C'est ce qu'il nous est plus facile de définir qu'il ne l'eût été à elle-même...

Le retour subit et singulier de sir Hugues, à la suite de la scène du bracelet, ne s'était point expliqué pour Anne-Marie aussi simplement que pour tout le monde. Après s'être laissée reprendre d'abord à la confiance, en serrant la main de son fiancé, elle s'était remise à réfléchir profondément, aussitôt qu'elle s'était trouvée seule dans sa chambre.

Pourquoi Caverley avait-il demandé avec tant de chaleur de suivre la comtesse à Paris? Quel pouvait être cet objet mystérieux dont l'intervention l'avait fait renoncer si soudainement à son projet? Pourquoi enfin, — circonstance qu'Anne-Marie seule avait remarquée, — pourquoi Jeanne de Montfort avait-elle gardé le bracelet, au lieu de le rendre au chevalier qui le réclamait comme son bien? — Telles étaient les questions que la jeune femme avait retournées dans son âme pendant toute la nuit.

Trop éloignée, par son ignorance, et surtout par sa naïveté, d'une vérité qu'il était d'ailleurs difficile de pressentir, elle se perdait en suppositions et en conjectures, et passait des invraisemblances aux impossibilités!...

Voilà pourquoi elle avait tenté de se dérober à elle-même, en fuyant à la fois la solitude et la réflexion.

Mais la réflexion l'avait suivie, comme la flèche suit le cerf blessé, et tout ce qui devait la distraire de son tourment n'avait fait que l'y ramener davantage. Le concours des bourgeois d'Hennebond et leurs acclamations bruyantes, avaient, malgré elle, reporté son esprit vers Jeanne de Montfort et

Caverley. Soit illusion, soit réalité, elle avait cru distinguer leurs voix parmi les voix qui montaient vers elle, et il lui avait même semblé entendre les mots de *départ* et de *voyage* sortir encore de la bouche du chevalier...

Elle en était là de ses incertitudes, lorsqu'un petit incident vint y faire diversion. A dix pas d'elle, près d'un machicoulis du parapet, elle aperçut quelque chose de rouge et blanc, qui se glissait mystérieusement le long d'une fenêtre. Elle avança pour voir ce que c'était, et reconnut son cousin Tanneguy de Penarvan. La mise et la figure du sire étaient tellement singulières, qu'Anne-Marie, toute préoccupée qu'elle fût, ne put le regarder sans rire. Imaginez, en effet, le jovial personnage, aussi légèrement vêtu que le permettait la fraîcheur du matin, c'est-à-dire en hoqueton court de toile bariolée, espèce de pet-en-l'air de ce temps-là, avec la nocturne coiffure de coton levantin, qui était d'aussi grand luxe alors qu'aujourd'hui le foulard des Indes [*].

— Que faisait messire de Penarvan dans ce simple appareil, au milieu de la galerie crénelée du château d'Hennebond? Ce fut la question que lui adressa d'abord Anne-Marie.

— Par Dieu! ma cousine, répondit-il sans se troubler, vous voyez bien que je prends le frais, et je m'aperçois que vous en faites autant. — Auriez-vous été, par hasard, enfermée comme moi dans votre chambre? ajouta-t-il en regardant la jeune femme avec une sympathique curiosité.

— Enfermée! s'écria la dame de Kergorlay; que voulez-vous dire, mon cousin?

[*] Histoire des Français des divers états, de M. Monteil, xive siècle, tome II, page 115.

— Ah! vous ne savez pas?... C'est très bien! Je vois que le baron m'a donné la préférence sur tout le monde, et que j'ai eu seul le glorieux privilége de passer la nuit sous les verrous.

Puis il raconta comment les deux varlets de garde, envoyés par son oncle, l'avaient emprisonné, la veille, dans sa chambre, et comment, après avoir cherché long-temps un moyen d'évasion, il avait enfin imaginé de s'échapper par la galerie.

— Si c'est encore une prison, dit-il en croisant son hoqueton de toile, elle est du moins plus grande que l'autre, et l'on y trouve de l'air et de l'espace.

— Mais, reprit Anne-Marie, que faisiez-vous à l'instant près de ces fenêtres?

— Ce que j'y fais depuis trois heures que je suis ici, ma cousine! répondit avec solennité Penarvan. — Vous le saurez, poursuivit-il, de façon à intriguer la jeune femme, quand vous m'aurez dit ce qui s'est passé au château pendant ma captivité.

— Au fait, répliqua la dame de Kergorlay, mon père n'a plus de raisons de vous cacher ce qui est le secret de tout Hennebond, et je ne serai pas fâchée d'apprendre la première à un partisan de Charles de Blois, que les affaires de Jeanne de Montfort ne vont pas aussi mal qu'il pourrait le croire.

— Bast! dit plaisamment Tanneguy, je suis au-dessus de tout cela! Mon oncle m'a fait bien de l'honneur en redoutant mes oreilles et ma langue; — et vous savez, ma chère cousine, ajouta-t-il galamment, qu'il ne tient qu'à vous de me faire abjurer entre vos belles mains.

Anne-Marie raconta les événements du conseil de famille, sans livrer les secrets de la comtesse de Montfort. Elle appuya principalement sur la discussion du conseil de famille, et consulta indirectement Tanneguy touchant le projet de départ de Caverley.

— Ah! ah! fit Penarvan, ravi de ces demi-confidences, et comme s'il y eût trouvé une explication inattendue des circonstances qu'il avait à confier à son tour ; mais, ma cousine, continua-t-il en épiant le trouble de la jeune femme, je m'aperçois qu'il s'est passé depuis hier des choses délicates et majeures, et quoique vous ne me les réveliez qu'à demi mot, vous allez voir que j'en sais maintenant plus que vous-même. — Commençons par le commencement, reprit-il, et procédons par ordre. Après avoir retrouvé ici, dès le point du jour, la fraîcheur et la liberté, je n'ai pas tardé à m'apercevoir que j'y pouvais trouver encore un autre plaisir. La plupart des fenêtres du château donnant sur cette galerie, il ne tenait qu'à moi de tout voir dans les appartements sans être vu, comme cet ancien grec, nommé Gygès, dont le père Auffroy nous a conté l'histoire. Il suffisait pour cela de me glisser le long du balcon, d'une croisée à l'autre, et d'appliquer un instant mon œil à chacune, avec autant de précaution que de curiosité. C'est ce que j'ai fait, en commençant par la fenêtre la plus voisine de la mienne, et en poursuivant ainsi mon inspection jusqu'à la vôtre... auprès de laquelle j'ai eu le plaisir de vous rencontrer, belle cousine...

— Au moment, sans doute, où vous alliez m'épier à mon tour ? demanda la dame de Kergorlay, qui fit une petite moue pudique. — Cela eût été bien mal à vous, messire, ajouta-t-elle d'un ton de reproche amical. — Puis elle reprit avec la curiosité la plus naïve : — Eh bien ! qu'avez-vous vu dans cette tournée ?...

— Ah ! beaucoup de choses ! répondit Tanneguy, en se faisant valoir ; et des choses de toutes les couleurs, ma foi ! selon la nuance des vitraux que mon regard traversait.

— Voyons ! dit la jeune femme, frémissant d'impatience ; secrets pour secrets, mon cousin ; remplissez nos conditions généreusement.

Penarvan devina le trouble profond qui se cachait sous la vivacité de ces paroles, et il commença ainsi ses confidences, en les graduant suivant son propre intérêt :

— La première chambre où mon œil a pénétré, dit-il, contenait le berceau d'un enfant, gardé par une femme et cinq hommes...

— Monseigneur Jehan de Montfort.

— Je m'en suis douté. — Le jeune comte semblait éveillé depuis long-temps, et jouait sur sa couchette avec sa gouvernante. — La gouvernante est jolie, si je m'y connais, et le chef des gardes en paraissait fort convaincu. Debout, près de la porte, en avant de ses quatre hommes, le drôle surveillait moins son maître que sa maîtresse; et, sous prétexte de rendre à tout moment ses respects au premier, c'était plaisir de voir les baisers qu'il envoyait sous cap à la seconde. — Heureux coquin! me suis-je dit en moi-même; plût au ciel que je fusse à ta place, et que certaine dame fût à la place de ta belle! Le chapelain de ce château ne tarderait pas d'allumer pour moi le cierge nuptial!...

—Ensuite, mon cousin? dit Anne-Marie...

— Ensuite, reprit Tanneguy avec un

soupir, j'ai vu deux autres chambres dont les habitants ne se ressemblaient guère. Tous deux sont chevaliers sans doute, car tous deux également portent l'épée; mais, tandis que l'un l'avait posée sous son chevet, l'autre la laissait traîner sur une chaise, pêle-mêle avec ses habits. Le premier dormait dans sa cuirasse et sa cotte de mailles dont il avait seulement lâché les courroies, et le second, assis sur son lit, le dos tourné à la lumière, lisait attentivement dans un livre ouvert sur ses genoux.

— Olivier de Clisson et Guillaume de Saint-André... dit la jeune femme; passons à la fenêtre suivante, messire..

— La fenêtre suivante m'a furieusement intrigué! reprit Penarvan; je suis resté près d'une demi-heure à voir ce qui se passait derrière, et c'est une histoire que je vais vous raconter, sans me charger de vous la faire comprendre... — Dites-moi d'abord, ma cousine, s'il n'y a pas dans le cortége de la comtesse un personnage vêtu de rouge et de noir, que ma précipitation à quitter la salle basse a pu m'empêcher de remarquer hier soir ?

— Assurément ! répondit Anne-Marie. L'homme ainsi vêtu est maître Samuel Tudez, le conseiller et le trésorier de Jeanne de Monfort; un juif espagnol dont mon père semblait se méfier au premier aspect... mais à qui il a dû rendre toute sa confiance, en voyant celle que lui accorde la comtesse.

— J'ai besoin de savoir cela pour l'honorer de la mienne, poursuivit Penarvan, car tout ce que je ne puis m'expliquer m'est suspect, et je ne sache pas de prophétie de Merlin plus embrouillée que les actions de ce maître Samuel. Figurez-vous d'abord qu'il était habillé de pied en cap, au moment où presque tout le monde dormait encore au manoir; si bien que la première pensée qui m'est venue en l'apercevant, c'est qu'il ne s'était pas couché dans la nuit pour être plus sûr de se lever de bon matin. Son lit, à peine défait, paraissait l'avoir été dans l'intention de tromper les yeux. Il était assis devant une table chargée de parchemins; son grand bonnet de velours était posé à sa droite, et ses longues manches de sorcier balayaient les paperasses, tandis que ses mains allaient et venaient au-dessus de la table en désordre; quelquefois il prenait la plume, et se mettait à écrire avec vivacité; d'autres fois, il se levait tout-à-coup, comme un homme dans l'embarras; il se promenait alors par la chambre, son coude dans une main, son menton dans l'autre; puis, souriant d'une façon diabolique à quelque idée qui lui traversait la tête, il retournait à ses papiers, comme un chat à sa proie, et sa plume recommençait à courir avec de petits frémissements sinistres. Je le suivais depuis dix minutes lorsqu'un léger bruit se fit entendre dans la chambre voisine. Cette chambre est celle de la comtesse de Montfort; et les deux pièces communiquaient autrefois par une porte qui aujourd'hui est condamnée. Le juif, puisque vous le nommez ainsi, se précipita vivement vers cette porte; il y appliqua, non sans précaution, son oreille, et parut entendre avec dépit ce qui se disait de l'autre côté... Mais pendant qu'il se livrait à cette occupation indiscrète, on vint l'interrompre en frappant à sa propre porte. C'était le moment où celle du château s'ouvrait aux bourgeois d'Hennebond, conduits près de la comtesse par mon oncle Olivier de Spinefort. Maître Samuel se rejeta aussitôt en arrière, comme s'il eût tremblé d'être surpris ; puis, s'avançant à pas de loup vers sa porte, il l'ouvrit à un personnage qui la referma brusquement sur lui-même. Tous deux se regardèrent et se saluèrent comme gens de connaissance, puis restèrent quelque temps immobiles, à écouter si l'on ne venait pas à eux...

— Juste ciel! qu'est-ce que cela peut être? interrompit à cet endroit la jeune femme en considérant son interlocuteur.

— Ah! qu'est-ce que cela peut être? répéta Tanneguy ; voilà ce que je me suis dit vingt fois, et ce que je me dis encore inutilement. Je vous ai promis des mystères, belle cousine ; vous voyez que je tiens ma promesse!

— Vous avez du moins observé cet homme, Penarvan? Sa figure vous était-elle connue, ou l'aperceviez-vous pour la première fois?

— Sa figure... je crois l'avoir vue dans ce pays, peut-être même dans ce château. Mais je n'en suis pas positivement sûr, et, dans tous les cas, voici son portrait : Un homme de petite taille, âgé de quarante à cinquante ans, trapu de corps et maigre de visage ; une tête plate, aux os saillants, aux longs cheveux; des traits indiquant la malice et la méfiance; des yeux à demi fermés, un regard louche et caressant...

— Tous les paysans de la côte ressemblent à ce portrait, mon cousin ; et, à moins que son costume ne vous ait fourni des observations plus précises...

— C'est justement son costume qui le rendait méconnaissable, tant il était composé de pièces disparates, et plus étranges les unes que les autres! D'un côté, je croyais

voir un villageois, de l'autre un soldat;
de celui-ci un mendiant, et de celui-là un
varlet. Enfin, la seule chose qui m'ait paru
claire, au milieu de tout cela, c'est que le
personnage, quel qu'il fût, était habilement
déguisé.

— Déguisé!...

— J'en ferais la gageure.

— Et que s'est-il passé entre lui et maître Samuel ?

— D'abord des explications à voix basse,
dont je n'ai pu distinguer un seul mot,
puis un échange de signes incompréhensibles, que je vous donne à deviner pour
compléter l'énigme. Le juif a pris deux de
ses grands parchemins, portant des sceaux
de cire massive, et il les a lus à son mystérieux visiteur qui a écouté cette lecture en
se caressant le menton; ensuite, il lui a
remis une bague détachée de son propre

doigt, et il lui a ordonné de fléchir le genou pour faire un serment sur le crucifix. L'inconnu a obéi sans hésiter, a prononcé les paroles qu'on lui a mises sur les lèvres, a serré précieusement la bague dans son justaucorps, et a repris le chemin de la porte au moment où les bourgeois quittaient le manoir. Avant de le congédier, le juif a prêté de nouveau l'oreille au de-hors ; puis, saisissant un instant favorable, il l'a fait sortir comme il était entré. Alors, il a écouté quelque temps encore à la porte, a fait trois tours dans la chambre en se frottant les mains, et a recommencé paisiblement ses écritures.

Ce récit avait fait une telle impression sur Anne-Marie, qu'elle s'oubliait elle-même pour cette nouvelle préoccupation.

— Mon Dieu ! s'écria-t-elle, après un silence, que ces mystères sont effrayants ! Si mon père avait bien jugé d'abord cet homme étrange! si la cause et la personne de la comtesse étaient à la disposition d'un traître!...

Elle n'eut pas plus tôt prononcé ces paroles, qu'elle se les reprocha comme un jugement téméraire, et elle allait se replonger dans des réflexions pénibles, quand Tanneguy, moins désintéressé qu'elle, poursuivit ainsi ses confidences :

— De la fenêtre de maître Samuel, dit-il en observant la jeune femme, j'ai passé à la fenêtre de la comtesse de Monfort...

— De la comtesse! fit Anne-Marie avec un tressaillement général! Qu'avez-vous vu, mon cousin, qu'avez vous entendu?

En voyant l'amie inquiète de Jeanne de Monfort céder si brusquement la place à l'amante jalouse de Caverley, Penarvan ne put retenir un sourire amer, et il mesura sa réponse avec le dépit d'un rival.

— Les notables d'Hennebond venaient de quitter la comtesse, dit-il; elle serrait encore son fils dans ses bras, en entendant les dernières acclamations ébranler les corridors, lorsqu'un des seigneurs qui étaient demeurés dans sa chambre, parut lui demander à voix basse de rester seul avec elle.

— Seul avec elle? répéta la dame de Kergorlay en pâlissant. Et vous avez distingué la figure de ce seigneur, mon cousin?

— Parfaitement, ma cousine. Celui-là était plus facile à reconnaître que le visiteur du juif.

— C'était?

— Vous voulez que je le nomme?

— Oui.

— C'était sir Hugues de Caverley.

— Caverley, seul avec la comtesse !

— Il ne faut pas que cela vous étonne, madame... Sir Hugues n'est-il pas le meilleur ami, le frère d'armes de Jean de Montfort ? N'est-ce pas à lui que le comte aurait confié de préférence l'honneur et la vie de sa femme? D'ailleurs, le chevalier connaît Jeanne elle-même de longue main, ma cousine. On dit qu'il était un des compagnons de Montfort, alors que celui-ci alla demander en mariage la belle princesse de Flandre : on ajoute même que le dépit fut pour beaucoup, à cette époque, dans le brusque départ du chevalier pour l'Angleterre. Dans tous les cas, ce sont d'anciens amis qui ont le droit de se voir en particulier, surtout au moment de se séparer après une trop courte entrevue, si toutefois, comme vous me l'avez dit, Caverley a renoncé à son projet de départ...

— Auriez-vous remarqué quelque chose qui vous fît penser le contraire? demanda la tremblante Anne-Marie, en regardant Tanneguy dans les yeux...

— Jugez-en vous même, belle dame, répondit Penarvan avec une cruelle bonhomie ; je ne prétends que vous rapporter ce que j'ai vu, et c'est à vos propres réflexions de suppléer aux miennes. Quand la comtesse et le chevalier se sont trouvés seuls, — car la première ne s'est point refusée au désir du second, — Caverley a mis d'abord un genou en terre, et a prononcé des paroles qui devaient être fort suppliantes. Demandait-il un pardon ou une faveur? Je vous le laisse à deviner, n'en sachant rien moi-même. Ce que je dois dire, c'est que la comtesse semblait aussi calme et aussi fière que sir Hugues était humble et agité. Elle lui a seulement permis de baiser sa main, avec la majesté d'une reine qui reçoit l'hommage d'un sujet ; puis, lui montrant le ciel et son propre cœur, elle l'a relevé d'un air amical et souriant, dont il a paru plus découragé que satisfait. Alors, ils se sont entretenus avec une tranquillité qui n'était qu'apparente chez sir Hugues, et au moment où ils se sont quittés, j'ai distingué deux voix, dont l'une disait Adieu... et l'autre Au revoir...

— Et laquelle, mon cousin, disait Au revoir ?

— Celle de Caverley, ma cousine !

— Malheureuse ! il ne m'aime donc pas ! s'écria la jeune femme avec une explosion soudaine.—Ses émotions ne pouvaient plus s'enfermer dans son âme, et l'effroi lui arrachait un aveu que ses lèvres n'avaient encore fait entendre à personne. Sans songer que cet aveu s'adressait à l'homme qui devait le plus en souffrir, elle mêla, dans ses paroles entrecoupées, les noms de sir Hugues et de Jeanne de Montfort; et, se penchant sur le balcon de la galerie, elle versa enfin les larmes qu'elle retenait depuis la veille.

Frappé inopinément de la vue de cette douleur, qui lui révélait une passion si supérieure à la sienne, le pauvre Tanneguy s'appuya, de son côté, au parapet, et fixa pour la première fois un regard profond sur sa cousine. Moitié sympathie involontaire, moitié jalousie secrète, cet homme qui n'avait jamais pleuré sentit deux grosses larmes à ses paupières; et alors seulement, en se retournant vers lui, par un mouvement de résolution, Anne-Marie s'aperçut qu'elle n'était pas seule malheureuse.

— Bon Tanneguy... pardon! lui dit-elle doucement; je suis folle, vous voyez! mais il faut avoir pitié de moi... J'espérais hier que l'excès de la joie me guérirait; je tremble aujourd'hui que ce ne soit l'excès du chagrin... Je veux du moins connaître mon sort ! ajouta-t-elle avec désordre, je veux le connaître tout de suite !... Écoutez, Tanneguy ! Vous ne direz rien à personne de ce que vous venez de voir... Suivez-moi ; je vais vous rendre la liberté en vous faisant passer par mon appartement. Vous irez trouver mon père, et vous lui raconterez ce qui s'est passé ce matin chez Samuel Tudez. — Cela peut être important et pressé, voyez-vous ! et il n'y a point d'intérêt ni d'opinion qui ne doive céder la place au devoir !... Cette démarche prouvera d'ailleurs au baron qu'il a eu tort de craindre votre partialité. Vous lui redirez donc tout ce que vous m'avez dit, pour qu'il réfléchisse et qu'il juge. Moi, je vais, pendant ce temps-là, porter mes pas d'un autre côté !... Vous irez, n'est-ce pas, Tanneguy ?

— Si j'irai! répondit le brave homme, désarmé par l'attendrissement. Est-ce qu'on a des intérêts et des opinions quand il s'agit de vous plaire, ma cousine? — Soyez obéie avant tout, et heureuse à mes dépens, s'il le faut. — Dussé-je scandaliser tout le manoir avec mon équipage matinal, je vais de ce pas remplir vos intentions près de mon oncle.

En parlant ainsi, le pauvre diable essuyait ses yeux et suivait docilement Anne-Marie. Lorsqu'ils furent arrivés au corridor du premier étage, ils se séparèrent; Tanneguy s'avança vers la chambre du baron, au milieu des rires étouffés dont les varlets accueillaient son passage, et la jeune femme, se dirigeant résolument en sens contraire, alla tout droit frapper à la porte de la comtesse de Montfort...

XVI

Les deux Rivales.

La jalousie de Penarvan ne lui avait point fait exagérer les circonstances de l'entrevue de Caverley et de la comtesse. Ballotté entre la douce affection qui le rappelait au bonheur, et l'amère passion qui le rejetait dans les orages de son ancienne vie, en vain le chevalier avait fait sur lui l'effort qu'on a vu, et s'était engagé la veille à demeurer au manoir d'Hennebond. Pendant qu'un court sommeil avait refermé les blessures de son corps, des songes ardents étaient venus rouvrir celles de son âme. Il s'était réveillé aussi indécis qu'il s'était couché résolu, et il retournait à Jeanne malgré sa conscience, comme il était revenu à Anne-Marie malgré son amour. Outre la priorité et l'ancienneté de cet amour, incendie deux fois rallumé, sa folie et son impossibilité même, il faut bien le dire, formaient son attrait le plus irrésistible pour l'esprit chevaleresque de sir Hugues. Il n'avait jamais aimé Jeanne de Flandre, douce et rêveuse fille du Nord, au cœur faible et à la voix plaintive, comme il aimait aujourd'hui Jeanne de Montfort, femme héroïque, défendant son époux, son pays et son enfant. L'orgueil aussi, il faut encore le dire, l'orgueil, qui intervient partout, n'était pas étranger à la situation du chevalier. Celle pour qui il était devenu comte de Chester, quand elle n'était que pauvre princesse de Flandre, celle-là, grandissant dans les mêmes périls que lui, allait devenir à son tour duchesse de Bretagne. Amant et chevalier de la duchesse de Bretagne ! ce titre souriait à la fierté du noble Anglais. Il voulait en courir les terribles chances, comme il en recueillerait les précieux honneurs, et il rêvait déjà Jeanne de Montfort couronnée par ses mains victorieuses !... Cette sublime ambition l'aidait à oublier l'ami dont il violait les droits sacrés. — Mon épée remplacera celle de Montfort près de la comtesse, se disait-il hautement à lui-même; sans ajouter, ce qui l'eût fait rougir en secret : — Ma présence effacera peut-être chez Jeanne l'image de son époux et de son fils.

C'est ainsi que les cœurs les plus purs sont entraînés sur la pente du mal; c'est ainsi que Caverley s'était parjuré pour la seconde fois, en retournant, aux pieds de la comtesse, solliciter la faveur de la suivre.

Ne soupçonnant rien des relations de sir Hugues avec Anne-Marie, Jeanne de Montfort ne s'était expliqué ces variations que par rapport à elle-même.

— A quel titre me suivrez-vous, chevalier? avait-elle dit, pour toute observation.

Et à cette question, qu'elle lui avait déjà adressée la veille, sir Hugues avait encore répondu malgré lui par des protestations de tendresse.

— Adieu donc, Caverley! avait reparti, toujours doucement, la femme impassible; l'amant de Jeanne de Flandre doit demeurer à Hennebond; la comtesse de Montfort ne veut qu'un ami pour l'accompagner.

Et c'est alors que le chevalier avait osé prononcer ce téméraire Au revoir surpris par l'oreille de Penarvan, et rapporté à la dame de Kergorlay.

Est-ce à dire que sir Hugues s'oubliait au point de vouloir suivre Jeanne malgré elle? Telle n'était point, sans doute, l'intention qu'il s'avouait ; mais l'état de son âme était une incertitude extrême, que le moindre poids dans la balance pouvait terminer en faveur de sa passion.

Quant à la comtesse de Montfort, son nouveau caractère et la gravité de sa situation avaient rendu jusque là son rôle facile. Quelques vifs souvenirs que la vue de Caverley eût réveillés dans son âme, ils n'avaient pu lutter avec les sublimes devoirs de la femme du prisonnier du Louvre. Aimait-elle encore sir Hugues, ou ne l'aimait-elle plus? Loin d'être obligée de se rendre compte de cette question, elle n'avait pas même eu besoin de se l'adresser ; tout autre sentiment que celui de sa haute mission dormant profondément sous la cendre de son deuil.

Elle songeait donc à peine à Caverley, et ne s'occupait que de ses préparatifs de départ, lorsqu'on lui annonça que la fille de son hôte demandait à l'entretenir en particulier.

— La dame de Kergorlay ! dit vivement Jeanne de Montfort; qu'elle entre et qu'on nous laisse !

Elle était heureuse de prouver son amitié par cet empressement, et elle était convaincue d'ailleurs qu'Anne-Marie venait lui parler de son fils.

Mais elle n'eut pas plus tôt aperçu la figure pâle et bouleversée de la jeune femme, qu'elle soupçonna que sa démarche avait un motif plus grave, et qu'elle s'écria en courant au-devant d'elle :

— Venez-vous donc m'annoncer un malheur, Anne-Marie?

Cette simple question arrêta madame de Kergorlay sur le seuil de la porte. La violente résolution qui l'avait amenée jusque là sembla tomber tout d'un coup à l'aspect de Jeanne de Montfort. Elle ne se souvint plus de ce qu'elle voulait lui demander, et elle serait retournée sur ses pas, si elle n'eût été retenue.

— Anne-Marie, qu'avez-vous? dit la comtesse avec bonté. Vous êtes tout émue et toute tremblante. Remettez-vous et parlez, mon amie.

Sans donner encore à madame de Kergorlay la force d'ouvrir la bouche, la douce familiarité de ces paroles lui rendit quelque confiance.

— Il est impossible, pensa-t-elle en regardant Jeanne, que la même femme me soit à la fois si favorable et si fatale!

— Eh bien! qu'est-ce que c'est? reprit la comtesse plus doucement encore.

— C'est un secret qu'il faut que je vous dise avant votre départ, madame, lui répondit enfin la veuve sans cesser de la considérer...

— Un secret? tant mieux! dit Jeanne de Montfort. Ce sera un lien de plus entre nous, et je tâcherai de m'en faire un titre à votre reconnaissance.

— A ma reconnaissance éternelle, si vous remplissez mon espérance la plus chère...

— Dites votre volonté, amie, si la chose est en mon pouvoir...

— Oh! oui, madame! s'écria la jeune femme, qui venait enfin de trouver un moyen d'arriver indirectement à son but.

— Voyons, je vous écoute, dit Jeanne.

Anne-Marie s'arrêta encore, indécise ; regarda plusieurs fois autour d'elle, afin de s'assurer que personne ne pouvait l'entendre ; et, oubliant enfin la contrainte et la jalousie, pour se laisser aller au mouvement le plus naïf et le plus urgent de son âme, balbutia d'une voix suppliante en tombant aux genoux de la comtesse :

—Vous qui pouvez tout ici, madame, faites que sir Hugues de Caverley ne parte pas!...

— Sir Hugues de Caverley ! dit, en se redressant comme une lionne qui s'éveille, la comtesse de Montfort, — que ce nom de Caverley, prononcé par une autre femme qu'elle-même, était venu frapper au plus profond du cœur... Elle ne faisait encore cependant que pressentir le motif d'Anne-Marie, et elle retrouva sa voix caressante pour la prier de s'expliquer.

— Oh! qu'il ne parte pas, madame! répéta la veuve avec abandon. A peine guéri de ses cruelles blessures, il ne saurait se mettre en route sans risquer ses jours. Vous avez pu remarquer, avec nous tous, combien ses forces sont au-dessous de son courage. Lui-même en est convenu, en se rendant momentanément aux observations de mon père; mais je le connais, pour peu que le repos de la nuit lui ait rendu quelque vigueur, il ne sera plus ce matin du même avis qu'hier soir; il fermera de nouveau l'oreille à la raison pour n'écouter que son dévouement; il partira enfin, malgré sa promesse de rester; il partira, madame, si vous ne vous chargez pas de le lui défendre. Ordonnez-lui donc de demeurer à Hennebond, au nom de son salut et de notre tranquillité! Accordez cette faveur à ses parents (car nous sommes ses parents!), qui vous en supplient tous par ma bouche! Laissez-nous, en partant, cette première récompense des services que nous sommes si heureux de rendre à notre souveraine!

En réduisant ainsi sa confidence à une sollicitation ; en cachant son amour sous l'apparence d'une amitié de parenté ; en s'adressant enfin à Jeanne au nom de toute sa famille, Anne-Marie laissait bien un peu entrevoir la vérité qu'elle n'osait dévoiler encore ; mais cette demi-révélation ne pouvait suffire à la comtesse, dont la curiosité, piquée dès le premier mot, attendait ardemment le secret promis par la veuve.

— Calmez vos craintes, lui répondit-elle, d'une voix qui commençait à s'altérer. Vous savez qu'il a été convenu que je serais accompagnée par votre père. Rien n'est changé à cette résolution, Anne-Marie ; et, si en effet, il ne tient qu'à moi de faire rester sir

Hugues, je puis vous promettre que sir Hugues restera. Mais, ajouta-t-elle en se rapprochant de la veuve, au lieu d'une requête, vous m'aviez annoncé une confidence ; la confidence pourrait me faciliter l'accomplissement de la requête.....

La dame de Kergorlay rougit légèrement, et fixa un long regard sur Jeanne de Montfort. Elle ne lut dans ses yeux qu'une impatience amicale, et elle n'hésita plus à lui ouvrir son âme.

— Sachez-le donc, madame, dit-elle, puisqu'aussi bien ce secret allait cesser d'en être un, j'aime le chevalier de Caverley, et je suis sa fiancée depuis hier...

Quelque préparée que fût la comtesse à cette ouverture, par les allusions qui l'avaient précédée, elle tressaillit des pieds à la tête, et posa involontairement une main sur sa poitrine...

— Ah!... vous aimez... le... chevalier..., madame?... reprit-elle à demi-voix, tandis qu'un rapide éclair de jalousie faisait étinceler son regard.

Et, pour que ce regard ne retombât point foudroyant sur son interlocutrice, il lui fallut toute la puissance que le malheur lui avait donnée sur elle-même. C'est que, malgré elle, en effet, et pour la première fois depuis la veille, les devoirs de l'épouse et de la mère cédaient la place aux instincts de la femme.

Chose étrange! l'ancienne amante de Caverley avait pu l'aborder, après dix ans, avec le calme et la sécurité d'une amie ; elle avait soutenu pendant trois heures, non seulement sa présence, son regard, le son de sa voix, mais encore les nouvelles protestations de cette passion chevaleresque, dont ni le temps, ni l'absence, ni la douleur n'avaient pu guérir chez sir Hugues; — et voilà qu'à la voix d'une rivale, ainsi qu'à un signal donné à tous les échos endormis dans son âme, elle perdait cette tranquillité superbe de la veille, elle se troublait et rougissait comme autrefois; elle s'apercevait enfin que l'amour de cet homme, dont elle ne croyait plus avoir qu'un tiède souvenir, était encore pour elle, ici-bas, le bien dont elle se sentait le plus fière et le plus jalouse!... Dans ce sentiment si brusquement réveillé, ou plutôt dans cette impression inattendue, entrait-il plus de tendresse de cœur ou plus de vanité d'esprit? C'est ce qu'il ne nous importe pas d'établir en ce moment. Mais peu s'en fallut que Jeanne ne répondît d'abord à la veuve : — Eh! de quel droit aimez-vous le chevalier, madame? — L'attention avec laquelle elle était observée l'avertit heureusement de ne pas se trahir, et elle se borna à demander à la jeune femme, de quelle époque datait son amour pour sir Hugues...

— Hélas! du premier jour que je l'ai vu, repartit naïvement Anne-Marie.

— Cela se conçoit effectivement, dit la comtesse avec un retour amer sur elle-même; et déguisant sa jalouse avidité sous un air d'intérêt : racontez-moi, ajouta-t-elle en pâlissant, racontez-moi en détail, mon amie, comment cet amour vous est entré au cœur.

— Il y avait trois années, reprit la veuve, que j'étais seule en ce château avec ma famille, sans voir d'autres étrangers que les mendiants et les pèlerins. Mariée à seize ans, je n'avais passé que deux mois près d'un époux que je respectais comme mon père; et je le pleurais, en quelque sorte, sans l'avoir connu, ne jugeant les plus douces impressions du cœur que par ma tendresse pour mon fils. Un matin, pendant que je travaillais à ma fenêtre, on apporta au manoir un chevalier mourant; je courus au-devant de lui sans demander qui il était; je lui donnai les premiers soins comme à un inconnu, et ce fut seulement en m'installant au chevet de son lit, que mon père me nomma sir Hugues de Caverley... Tout ce que je savais sur ce personnage, c'est qu'il était un illustre capitaine, et mon cousin par sa mère, qu'il avait passé un mois au château quand j'étais enfant, et m'avait fait sauter sur ses genoux en m'appelant sa petite Anne-Marie; enfin, c'est qu'il était un des plus braves partisans que l'Angleterre eût envoyés à Montfort, et qu'il l'avait accompagné de victoire en victoire, depuis la ville de Nantes jusqu'au fort du Guildo. Il venait de recevoir, à l'assaut de ce fort, plusieurs blessures dangereuses; et, laissant le comte poursuivre sa marche, il s'était fait transporter à Hennebond. Pendant que mon père me disait tout cela, j'apprenais autre chose par moi-même. Mes yeux découvraient que sir Hugues était un cavalier accompli, le cavalier le plus accompli que j'eusse vu depuis que j'étais au monde ; et mon cœur, attendri par ses souffrances et son danger, battait d'une sympathie involontaire, tandis que mes mains pansaient ses blessures... Il était si pâle et si beau sur son lit de douleur ! il y avait tant de noble intrépidité sur son front, tant de douce résignation dans son regard !... Il ne parlait que du comte de Montfort, madame, et, quand nous lui demandions des nouvelles de sa propre santé... il nous demandait toujours des nouvelles de la guerre. Je le soignais tout le jour et le veillais toute la nuit, alternant parfois avec ma vieille tante ou avec notre bon père chapelain. Pendant long-temps, il ne fît guère attention à moi; et j'étais bien jalouse, hélas! de toutes les pensées qui roulaient dans sa tête. Un jour enfin, comme je me réveillais sur ma chaise au pied de son lit, après m'y être endormie de lassitude, je trouvai ses yeux languissants fixés sur mes yeux, et il me dit d'une voix que je n'oublierai jamais : — Charmant ange gardien, que pourrai-je faire pour vous? — Vous guérir d'abord, messire, lui répondis-je toute rougissante; et je crus que j'allais m'évanouir de joie, en sentant ma main pressée dans la sienne. — Anne-Marie, me dit-il un autre jour, appelez-moi votre cousin, et non pas messire. Il était déjà hors de danger à cette époque, et je n'osais plus demeurer dans sa chambre sans mon fils. Il se prit bientôt à aimer cet enfant, à le caresser autant que moi-même. Un soir que Jehan avait passé une heure seul avec lui, je le questionnai habilement sur leur conversation, et j'appris que sir Hugues n'avait parlé que de moi... De ce moment j'espérai être aimée, et le lendemain mon secret s'échappa dans un regard. D'abord le chevalier se troubla plus que moi-même, puis il me considéra avec une sorte de compassion, et devint profondément rêveur... Je crus que je m'étais flattée, et je m'enfermai dans une pénible réserve... Mais bientôt sa pitié parut se changer en tendresse; il répondit à mes avances timides par une reconnaissance mêlée de repentir..... Deux semaines se passèrent ainsi, sans explication d'aucune part. Il hésitait entre moi et je ne sais quel souvenir, et moi j'hésitais entre la crainte et l'espérance... Hier soir enfin, — je vous dis tout cela dans ma sincérité, madame, — c'était une heure avant votre arrivée au château, et nous étions en famille dans la salle basse... Mon amour parla sans doute si éloquemment par mes regards et par mes soupirs, que sir Hugues s'approcha de moi, les yeux pleins de larmes, et me dit : — Anne-Marie, je vous aime, et je suis pour jamais à vous. — En même temps, il courut à mon père, il lui dit la même chose, et le baron allait mettre nos mains l'une dans l'autre, lorsqu'est entré l'écuyer qui vous précédait au manoir. — Voilà mon histoire, madame, ou plutôt en voilà la moitié, car je ne vous ai raconté que ma joie, il me reste à vous raconter mon chagrin. En êtes-vous la cause ou l'occasion, madame? ou faut-il en accuser la fatalité de mon sort? mais mon bonheur, qui ne faisait que naître, semble frappé de mort par votre arrivée. Depuis que le chevalier vous a revue, il ne me regarde plus sans détourner la tête ou sans frémir... Votre présence exerce sur lui une influence qui m'est funeste. Il paraît tour à tour regretter ce qu'il m'a dit, et se reprocher ce regret-là même ; il est entraîné vers vous comme par un charme, et il ne revient à moi que par devoir. Vous avez vu avec quelle ardeur il a demandé à vous suivre, avec quelle peine il a promis de rester... Je sais qu'il a déjà manqué à cette promesse en venant dès ce matin renouveler sa demande. Enfin, il m'a été impossible de l'aborder depuis hier... et d'obtenir de lui un seul mot d'explication ; si bien que mon père lui-même a remarqué ce changement, tout absorbé qu'il est par votre présence... Que vous dirai-je encore, madame ?... Cet étrange incident du conseil de famille, cette défaillance de sir Hugues en vous parlant, cet objet mystérieux tombé de sa poitrine à vos pieds, gage inexplicable recueilli et gardé par vous, tous ces mystères me troublent et m'épouvantent, madame... Je n'ai point conçu l'audacieux projet de lire dans votre cœur comme je vous fais lire dans le mien; mais une voix m'a dit que mon bonheur ou mon malheur dépendait de vous seule, et je suis accourue, sans réfléchir, me jeter à vos genoux. — M'y voici, comme l'accusé aux pieds de son juge, comme la sujette implorant sa reine, comme le naufragé cherchant une lumière dans l'orage... Éclairez mon ignorance; exaucez ma prière, madame!... Caverley vous aime-t-il? (Pardon d'oser vous interroger ainsi!) Caverley vous aime-t-il? dites-le-moi sans détour, pour que je sache qu'il ne peut plus m'aimer... Je n'en serai pas moins votre soumise et dévouée servante, la fidèle gardienne de monseigneur Jehan de Montfort; car ce n'est pas votre faute si vous êtes plus belle que moi, madame, si le chevalier préfère l'astre éclatant qui peut le mener à la gloire, à l'humble étoile qui ne le conduirait qu'au bonheur. — Mais aime-t-il une autre femme que vous? Dites-le-moi encore! Quelle qu'elle soit, j'oserai être sa rivale! — Vous la connaissez, sans doute, cette femme; elle dépend de vous, puisque vous traitez son amant en maîtresse absolue; elle est aux lieux où vous allez vous rendre, puisque sir Hugues tient tant à vous y accompagner; vous disposez de leur destinée comme de leurs secrets, puisque vos moindres gestes exercent sur le chevalier une telle influence! Eh bien! madame, s'il en est ainsi, mettez-vous de mon côté pendant que je suis la plus faible! Venez à mon secours contre mon ennemie; je vous en conjure à deux genoux! Sauvez-moi du malheur et du désespoir, en ordonnant à Caverley de rester auprès de moi! Je le comblerai de tant d'amour et de tant de soins, que je finirai par m'emparer de son cœur. Ma persévérance achèvera ma victoire déjà commencée ; vous aurez sauvé la vie à sir Hugues en même temps que la mienne, puisque ce voyage le tuerait à coup sûr ; cela portera bonheur à votre noble cause, madame, et nos anges gardiens, qui sont pour moi, béniront votre nom dans les cieux !

Comment dire les mouvements qui avaient agité l'âme de la comtesse, pendant que la veuve épanchait ainsi la sienne avec l'audace de la naïveté ? D'abord le plus vif dépit lui avait serré le cœur, au récit des chastes séductions d'Anne-Marie. Puis, à ce dépit, avait succédé une satisfaction secrète, quand elle avait appris la révolution soudaine et fatale produite chez le chevalier par sa seule présence... Malgré sa bonté, elle avait été cruelle, en se réjouissant de la douleur de la veuve, comme elle s'était affligée de sa joie. Mais quand cette touchante douleur d'Anne-Marie avait éclaté en plaintes soumises ; quand, pareille à l'enfant qui joint les mains pour demander grâce, la douce rivale s'était agenouillée, tout en larmes ; quand elle avait imploré son arrêt comme une faveur, se résignant à n'être plus aimée si Jeanne de Montfort l'était ; quand surtout, dans sa délicate simplicité, elle avait substitué une concurrente inconnue à son véritable vainqueur, et supplié sincèrement son ennemie réelle de se ranger de son côté ; alors tous les instincts personnels de la comtesse avaient fait place à une généreuse sympathie ; elle était redevenue femme forte et bienveillante, courageuse et désintéressée ; elle s'était rappelé ses tourments de jeune fille, lorsqu'elle désespérait à Gand de l'amour de Caverley. — Je ne puis plus être heureuse, moi, s'était-elle dit en soupirant, tandis qu'Anne-Marie peut l'être encore!— Qu'elle le soit donc pour nous deux, et que Dieu me pardonne un coupable regret en faveur de cette complète abnégation!—Puis, prenant tout de suite au mot la naïve supposition de la jeune veuve :

— C'est vrai, Anne-Marie, lui avait-elle dit avec un magnanime effort, je connais la femme que sir Hugues a aimée la première, et j'ai, en effet, sur cette femme autant de pouvoir que sur moi-même.

— Ah! ce n'est donc pas vous? Dieu soit béni! s'écria la dame de Kergorlay dans sa confiance angélique. Je puis vous servir et vous aimer sans mérite, vous regarder avec une joie sincère, et baiser vos mains libératrices sans y laisser tomber des larmes!...

Elle le fit comme elle le disait, et ce fut la comtesse de Montfort qui pleura...

— Pauvre enfant! reprit-elle, poursuivant son expiation; je serai de votre côté, comme vous dites, et j'espère qu'à nous deux nous remporterons la victoire. Oui, quelle que soit la passion de Caverley... pour votre rivale... quelque douceur secrète qu'elle offre encore au cœur de celle-ci, je vous promets de combattre cette passion en faveur de... la tendresse que vous avez si justement inspirée à sir Hugues... Le bonheur est là pour lui comme pour vous, le bonheur sans trouble, sans regrets, sans remords!... Hâtez-vous tous deux d'en prendre possession, car la fatalité est prompte à renverser les plus doux projets; et surtout, pour aider le chevalier à oublier son premier amour, ne lui en parlez jamais, Anne-Marie!.. Ne lui demandez pas seulement son nom! Ne me le demandez pas à moi-même!... Je me chargerai de consoler la malheureuse, car elle sera malheureuse... mon amie, et quand vous ne la craindrez plus, vous pourrez lui accorder quelque compassion...

Jeanne de Monfort s'interrompit, sentant sa voix étouffée par les larmes ; et, comme la jeune femme allait se rejeter à ses genoux pour la remercier, elle eut la force de l'attirer sur son cœur, afin de mieux cacher l'émotion qui menaçait de la trahir...

En entr'ouvrant les plis de son corsage, ce mouvement fit tomber le bracelet ravi à sir Hugues... Jeanne l'aperçut, par bonheur, avant Anne-Marie, et prévint tout soupçon en feignant de le prendre sur une table... Si, pour la seconde fois, le hasard n'eût pas trahi ce gage mystérieux, sans doute la comtesse l'eût gardé comme dernière consolation ; mais elle saisit cette occasion de compléter son sacrifice, et, après avoir montré le bracelet à la veuve, elle le lança par une fenêtre de la chambre...

Il faut dire qu'une heure plus tôt, sollicitée de nouveau par sir Hugues de lui rendre ce souvenir, elle avait promis de le lui faire remettre, comme à son défenseur, dans le cas où quelque péril urgent la forcerait de l'appeler à son secours. L'expérience qu'elle venait de faire de sa faiblesse lui montrait le danger lointain de cette nouvelle concession, et elle comprenait qu'elle ne serait pas complétement séparée de Caverley, tant qu'elle laisserait subsister entre elle et lui le moindre symbole de leurs premiers amours.

— C'était le dernier lien qui unissait encore votre rivale et votre fiancé, dit-elle à Anne-Marie, tandis que le vent emportait le bracelet; c'était le messager secret qu'ils s'envoyaient réciproquement, lorsqu'ils devaient se rapprocher l'un de l'autre; qu'il ne retourne point à qui l'attendait, et qu'il vous soit immolé comme tout le reste !

D'elle-même cette fois, et par une impulsion irrésistible, la dame de Kergorlay se rejeta au cou de la comtesse, sans pouvoir prononcer une parole...

Elles s'embrassaient encore, lorsqu'on frappa à la porte de la chambre...

— Ah ! le ciel soit loué ! soupira à ce bruit Jeanne de Montfort, heureuse de secouer enfin, pour rentrer dans son rôle public, des émotions intimes dont elle avait oublié depuis dix ans la puissance.

Ceux qui frappaient à la porte étaient Spinefort et Caverley, venant annoncer à la comtesse que tout était prêt pour son départ. A la vue du chevalier, Anne-Marie ne put contenir sa joie, et, s'élançant vers lui avec transport, elle lui saisit la main, comme on fait d'un bien précieux que l'on croyait perdu.

— Sir Hugues! dit Jeanne d'une voix ferme, je vais partir pour Paris avec messire de Spinefort, et vous allez rester ici avec la dame de Kergorlay. Soyez pour elle ce qu'elle est pour vous, et que le baron trouve, à son retour, deux époux heureux à bénir. — Adieu, Caverley, ajouta-t-elle à l'oreille du chevalier. Ne répondez pas : Au revoir, cette fois ; et n'attendez point le bracelet de Jeanne de Flandre, car Jeanne de Montfort ne vous le renverra plus !

Sir Hugues comprit sans peine qu'elle savait tout, et il se retourna en rougissant vers Anne-Marie, tandis que la comtesse s'éloignait avec le châtelain.

XVII

Jannik-ar-Kam.

Jeanne de Montfort, vêtue du costume de voyage qu'on a déjà peint, venait de monter à cheval dans la grande cour du château. Le baron de Spinefort se tenait à sa droite, maître Tudez et Marcy Holben à sa gauche, et derrière elle étaient rangés les hommes d'armes commandés par Amaury de Clisson. Cette escorte devait accompagner la comtesse jusqu'au point où la prudence en exigerait la disparition. Alors, donnant le change aux yeux qui pourraient les épier, Jeanne, Marcy, Spinefort et Samuel entreraient en France sous divers déguisements, tandis qu'Amaury ramènerait sa troupe à Hennebond, pour prendre ensuite le chemin de l'Angleterre. Tout était donc prêt pour se mettre immédiatement en marche. Neuf heures sonnaient au beffroi du manoir, et le soleil annonçait une journée magnifique. La comtesse avait embrassé mille fois son fils, captif éploré d'Anne-Marie et de Saint-André. La douce Marcy Holben avait laissé à Creff-Will maintes espérances de retour, avec maintes promesses de fidélité. Enfin, tous les embrassements et tous les adieux de famille, d'amitié et d'amour, avaient été longuement échangés, au château, entre ceux qui partaient et ceux qui restaient. Flanquée, sur le perron, de son fidèle acolyte, le père Auffroy, la curieuse damoiselle Berthe attendait avec des palpitations de cœur le moment solennel du départ; et les notables d'Hennebond, précédant le peuple de la cité, étaient disposés sur une double haie le long de la route que devait suivre le cortége. Caverley seul, et Penarvan, ne profitaient point de la liberté qu'ils avaient d'assister à cette cérémonie. On n'avait pas vu le premier depuis une heure dans tout le manoir, et le second, à peine revenu de ses émotions inusitées du matin, allait cherchant çà et là le trop envié rival, qu'il était surpris et désolé de ne pas compter au nombre des voyageurs...

Spinefort, cependant, était plongé dans des méditations profondes. Non seulement il éprouvait une tristesse involontaire, au moment de quitter cette terre du pays, si chère à tous les Bretons ; non seulement il regrettait, en abandonnant sa fille chérie, de laisser indéfiniment suspendu l'heureux mariage qu'il venait de rêver pour elle ; mais encore, et surtout, il était inquiet sur sa propre mission, sur la haute responsabilité qu'il prenait touchant la sûreté de Jeanne de Montfort. Il venait de recevoir à l'improviste les singulières confidences de Tanneguy sur les mystères de la chambre de Samuel, et tourmenté par les nouveaux soupçons que cette circonstance ajoutait à ses premiers pressentiments, il déplorait de ne pouvoir rechercher du moins, et reconnaître, avant le départ de la comtesse, le visiteur étrange et matineux qui s'était introduit à son insu dans sa demeure. Dénoncer à Jeanne ce vague secret surpris par une fenêtre, c'eût été jouer un rôle auquel il était incapable de descendre; interroger directement le juif à ce sujet, c'était s'exposer à montrer, comme la veille, une méfiance déplacée, et à diminuer par là la haute confiance dont il était investi lui-même.

Pendant que cette préoccupation fâcheuse absorbait son esprit, un incident auquel il était loin de s'attendre vint le distraire en même temps que tout le monde... Une espèce de paysan travesti, aux longs cheveux roux, à l'air bête et jovial, aux larges hauts-de-chausses et au pourpoint en taillades, le bissac et le bâton croisés sur le dos, monté d'ailleurs sur une haridelle parfaitement digne du cavalier, franchit sans façon la grille du manoir, qui se trouvait ouverte, et vint se mêler avec le plus grand sang-froid au cortége de Jeanne de Montfort. La plupart des assistants, à cette vue, ne peuvent réprimer un éclat de rire, et, quelques uns s'étant avancés pour reconnaître le personnage, le nom d'Iannik-ar-Kam circula de bouche en bouche...

Il faut dire que Iannik-ar-Kam (Jean-le-Boiteux) était un ancien mendiant nomade, fixé depuis quelque temps au pays après de lointaines excursions. Il devait son nom à l'infirmité, réelle suivant les uns, simulée suivant les autres, qui altérait sensiblement l'équilibre de sa marche; et il était généralement connu par une naïve étrangeté de caractère et de costume, qui faisait souvent ajouter à son premier sobriquet celui d'innocent ou d'imbécile. Il y avait bien quelques incrédules qui n'admettaient pas plus la faiblesse de son esprit que celle de son corps; mais leur opinion avait d'autant moins prévalu, que Iannik la regardait comme une injure personnelle. Il n'y avait pas de porte dans la ville où il n'eût tendu son chapeau en chantant quelque ballade ; pas de village dans les environs où il n'eût fraternisé avec les enfants et les kakous *. Du reste, on ne lui connaissait que deux affections sur la terre, celle de l'argent, qu'il aimait plus que lui-même, et celle d'un jeune fils, qu'il aimait plus que l'argent. Cette dernière qualité lui avait valu la protection particulière d'Anne-Marie, auprès de laquelle il avait, certains jours de la semaine, ses entrées franches dans le château.

Quoique le baron eût aperçu vingt fois Iannik dans la cour ou les cuisines du manoir, il eut besoin d'entendre prononcer son nom pour le reconnaître, tant son bizarre accoutrement l'avait défiguré !... Surpris, au

---

* Nom qu'on donna d'abord en Bretagne aux lépreux, puis, par extension, à tous les êtres disgraciés, aux crétins, aux mendiants, aux idiots, aux fous, désignés encore aujourd'hui sous le nom générique d'Innocents.

reste, de voir la comtesse et le trésorier accueillir en souriant un tel compagnon, il allait lui donner ordre de s'éloigner au plus tôt, lorsqu'il vit accourir à lui son neveu Penarvan.

Tout en rodant par la salle basse, Tanneguy avait entendu la rumeur soulevée par l'arrivée de Iannik ; avec la curiosité qui le caractérisait, il s'était aussitôt approché d'une fenêtre ; et il avait mêlé une exclamation de surprise à l'éclat de rire des assistants, en reconnaissant sur la personne du nouveau venu le costume complet du visiteur de Tudez. Alors son premier mouvement avait été de courir à son oncle pour lui faire part de cette précieuse observation.

—Baron ! dit-il à Spinefort en se dressant jusqu'à son oreille, voici en chair et en os l'hôte inconnu du trésorier !...

Le châtelain ne put s'empêcher de tressaillir de surprise, et aussi un peu de désappointement.

— Comment, c'est cet homme? dit-il, Iannik-ar-Kam?...

— Iannik-ar-Kam!... répéta Tanneguy étonné.

Et, reconnaissant à son tour le vieux mendiant, il eut toute la peine du monde à en croire ses propres yeux...

— Par Notre-Dame! lui cria-t-il aussitôt avec sa hardiesse familière, quel saint chômes-tu donc aujourd'hui, Iannik? ou à quelle mascarade vas-tu danser dans cet habit de chevalier errant?

— Iannik, apparemment, s'est mis en frais de toilette à sa manière pour accompagner la comtesse, répondit une voix qui fit retourner le baron et Tanneguy... C'était la voix calme et douce du juif espagnol...

— Messire Olivier, poursuivit-il, cet homme dont la présence vous surprend n'est autre que le guide qui nous a conduits cette nuit à la porte de votre manoir.

Puis, faisant sentir au châtelain qu'il avait entendu les paroles de son neveu, il ajouta d'un ton fort naturel, en récapitulant toutes les circonstances qu'on pouvait avoir trouvées suspectes :

— J'avais présumé, hier soir, que Iannik nous serait encore utile, et le jugeant, malgré quelques bizarreries, digne de toute confiance, je lui avais ordonné, de la part de la comtesse, de revenir me parler en particulier. C'est ce qu'il a fait ce matin, assez singulièrement, il est vrai, en homme qui connaît les détours de votre manoir. Il a reçu mes instructions en détail, m'a juré fidélité et discrétion, et pourrait se faire reconnaître à qui de droit par l'anneau que je lui ai remis à cet effet.

Jointes à l'innocence et à l'originalité notoires du personnage, ces explications réduisaient d'autant mieux à néant tout soupçon, qu'elles furent confirmées à la fois par un sourire reconnaissant de la comtesse, et par un geste niaisement affirmatif du paysan; Tanneguy, lui même, fit bon marché de ses profondes découvertes en rougissant un peu du trivial dénouement de tant de mystères! et ce ne fut pas sans rire philosophiquement de l'alerte générale qu'il regagna d'un pas précipité la salle basse du manoir...

Quant au châtelain, détrompé pour la seconde fois; sa confusion secrète, au premier moment, l'empêcha de remarquer le coup d'œil d'intelligence qui fut échangé entre le mendiant et le juif, — coup d'œil que celui-ci reporta sur le baron avec une expression de jalousie et de rancune indéfinissable...

Quelques instants après, Jeanne tourna un regard humide vers le château où elle laissait son fils; puis, levant au ciel ses yeux résignés, elle fit signe à ses compagnons qu'on pouvait se mettre en route...

— Au nom du Père, du Fils et du Saint-Esprit, où Dieu doit-il nous conduire? demanda aussitôt Iannik qui fit le signe de la croix, et qui inclina trois fois son front chevelu devant la comtesse de Montfort.

— A la frontière de France, par le plus court chemin, répondit Jeanne en s'affermissant en selle.

— Quitterons-nous la terre de Bretagne? reprit le guide avec la même solennité.

— Nous la quitterons, dit la comtesse.

— Alors, pardon, madame, repartit le paysan; qui est Breton m'imite!

En même temps, il descendit de cheval devant tout le cortége, s'agenouilla sur le sol de la cour humecté de rosée, enleva du bout de son bâton une poignée de terre qu'il mit dans une boîte d'écorce, enferma précieusement le tout dans son bissac, et remonta sur sa haridelle, après s'être signé de nouveau.

— Que fait donc là cet homme? demanda Jeanne au baron.

— Madame, répondit Spinefort d'un ton mélancolique, il prend un peu de terre natale avant de la quitter, afin qu'on le lui mette sur les yeux en l'ensevelissant, s'il a le malheur de mourir hors du pays. C'est l'usage des mendiants et bardes nomades des alentours, qui ne commencent jamais un voyage sans cette précaution consacrée.

— Touchant usage! dit la comtesse avec émotion. Fasse le ciel qu'il ne soit pas de mauvais augure, et qu'aucun de nous ne soit enseveli en terre de France!

— En disant cela, elle poussa son cheval hors de la grille, et toute l'escorte s'éloigna rapidement du château...

— Noël! Noël! Bretagne et Montfort! s'écrièrent alors les gens du manoir.

— Hennebond à la belle comtesse! ajoutèrent les habitants de la cité.

— Que la Sainte-Vierge vous conduise et vous ramène! dirent les femmes en étendant les bras le long du chemin.

— Et que saint Nicolas délivre Jean de Montfort! poursuivirent les hommes en jetant leurs chapeaux en l'air.

Tout le monde reprit en chœur : Bretagne et Montfort! et tandis que les échos du Blavet répétaient ce cri unanime, le cortége arriva au premier détour de la route...

Avant de perdre de vue le manoir, la comtesse de Montfort ralentit le pas et fit faire un mouvement oblique à sa monture.

Au sommet de la tourelle la plus élevée, elle aperçut un homme qui la suivait des yeux... Les battements accélérés de son cœur lui dirent que cet homme était sir Hugues... et se détournant tout-à-coup, elle pressa convulsivement le galop de son cheval...

———

Après deux jours et deux nuits de marche presque continuelle, la petite troupe se trouva sur le territoire de France. Là, une nouvelle séparation eut lieu comme il avait été convenu : tandis que Jeanne et ses trois compagnons se dirigeaient vers Paris, où nous allons bientôt les rejoindre, le guide et l'escorte reprirent le chemin d'Hennebond, où nous ne tarderons pas non plus à les retrouver.

N'oublions pas de dire qu'avant de se séparer de Iannik-ar-Kam, Samuel Tudez le prit à part et lui remit un petit paquet scellé :

— La veille du jour où messire Amaury de Clisson devra partir pour l'Angleterre, lui dit-il, tu feras tenir ce paquet à sir Hugues de Caverley, de façon à ce qu'il ne puisse jamais savoir comment il lui sera parvenu. Le reste se passera suivant les instructions que je t'ai données, et, si tu les remplis exactement, tu auras cent philippes d'or pareils à ceux-ci...

En même temps, il glissa une bourse dans la main calleuse du mendiant breton, qui, après avoir contemplé l'or d'un œil étincelant, le mit dans sa ceinture rouge avec le paquet cacheté...

Que pouvait renfermer ce paquet, et que signifiait cette mission secrète? — C'est ce que vous connaîtrez bientôt, cher lecteur, si vous voulez nous suivre jusqu'au moment où s'éclairciront tous les mystères.

FIN DU PREMIER VOLUME.

TABLE

DU PREMIER VOLUME.

	Pages
Introduction.	1.
Première partie : La Jeune Fille	1
— I. Les Trois Cortéges	3
— II. La Confidence	35
— III. La Gerbe d'or	59
— IV. Jean de Montfort	69
— V. La Demande	81
— VI. Le comte de Chester	99
— VII. Toujours-jamais	109
Deuxième partie : La Femme	135
— VIII. Histoire de dix années	137
— IX. Le château d'Hennebond	161
— X. Un son de trompe	189
— XI. Nouvelles de Nantes	199
— XII. La chute de l'Aigle	205
— XIII. Bretagne et Montfort	229
— XIV. Le Conseil de famille	251
— XV. L'Hôte inconnu	311
— XVI. Les deux Rivales	341
— XVII. Iannik-ar-Kam	373

En vente à la même Librairie.

DU TRAVAIL INTELLECTUEL EN FRANCE,
DEPUIS 1815 JUSQU'EN 1837,
Par M. A. DUQUESNEL, 2 vol. in-8.
Deuxième édition.

SOUVENIRS DE GENÈVE.
COMPLÉMENT DES MÉMOIRES D'UN PRISONNIER D'ÉTAT,
Par ALEXANDRE ANDRYANE, 2 vol. in-8.
Deuxième édition.

HISTOIRE DES FRANÇAIS DES DIVERS ETATS
AU XVIIe SIÈCLE,
Par AMANS-ALEXIS MONTEIL, 2 vol. in-8.

TRAITE DES MATERIAUX MANUSCRITS,
DE DIVERS GENRES D'HISTOIRE,
Par AMANS-ALEXIS MONTEIL, 2 vol. in-8.

LES JEUNES FILLES,
POEMES ET NOUVELLES,
Par PITRE-CHEVALIER, 1 beau vol. in-8.
Nouvelle édition.

Sous presse :

LAURENCE ET JEANNE,
Par ALEXANDRE ANDRYANE, 2 vol. in-8.

ELISA DE RHODES,
Par AMÉDÉE DUQUESNEL, 2 vol. in-8.

HISTOIRE DES FRANÇAIS DES DIVERS ETATS
AU XVIIIe SIÈCLE,
Par AMANS-ALEXIS MONTEIL, 2 vol. in-8.

HISTOIRE DE LA CIVILISATION DU NORD,
DANS SES RAPPORTS AVEC L'OCCIDENT,
Par CHOPIN, ancien secrétaire du prince Kourakin,
ambassadeur de Russie près la cour de France.
4 vol. in-8.

HISTOIRE DE LA MARINE DE BRÉTAGNE,
DEPUIS LA CONQUÊTE ROMAINE
JUSQU'A LA RÉUNION DE CETTE PROVINCE A LA COURONNE DE FRANCE